My Symbol

線に沿って切り取ってください
(使い方は、P122～を参照してください)

THE SYMBOL

ザ・シンボル

思い通りの人生を引き寄せる
あなただけの羅針盤

Naoko Koide
小出直子

SOGO HOREI PUBLISHING CO., LTD

シンボル…

それは、
祈るとき、
夢をみるとき、
救いを求めるとき、
背中を押してほしいとき、
私たちは古代から心の支えにしてきました。

しかし、その多くは無意識のうちに行われてきました。
シンボルは意識的に持つと、よりその効果を発揮します。

自分の内面と向き合い
あなただけのシンボルを意識的に持ったとき
あなたは思い通りの人生を
自分の手で引き寄せられるようになるのです。

はじめに――シンボルへの誘い

本書は、「シンボル」というものの素晴らしさを紹介し、皆さんが人生をより有意義に送る上での参考にしていただくということを目的としています。

いきなり、「シンボルが人生で役に立つ」と言われても、「そもそもシンボルって何？」と、ピンとこない方が多いかと思いますが、実は、われわれ人類は、古来より「シンボル」の持つパワーに気がつき、それを活用してきたのです。

人は特に、神話や昔話に出てくる登場人物やストーリーに自分を重ね合わせてきました。そうすることにより、多くの教訓や重要なメッセージを無意識のうちに学んできたのです。

シンボルとは、「象徴」。何かを「指し示すもの」です。

そして、「マイシンボル」とは、あなたの「シンボル＝象徴」であり、「あなたを指し示すもの」、すなわち、あなたが、**向かいたいと思っているもの、なりたい自分の方向性を示すお手本のことです。**

次ページのものが、本書でご紹介するシンボルたちの一例です。

シンボルは、「人」であってもなくても構いません。会ったことのない**歴史上の人物、神話上の人物、また、そのような人物から類推される「象徴」**です。

人物をイメージできる**架空の動物**でもよく、その**架空の動物をイメージできる紋章**でもよく、その**紋章をイメージできるジュエリーやアクセサリー**でもよいのです。

あなたは、例えば、憧れの存在がいたとして、その人の写真を持ったりした経験はないでしょうか？

また、クリスチャンの方などで、常に十字架を身につけ、自分のアイデンティティーを確認するのと同時に、それをパワーに変えていたりする方もいるかと思いま

21

す。

もしそういう経験を持ったことがある方がいたら、それこそが、「マイシンボルを持つこと」そのものであると言っても過言ではありません。

これは、言い換えると、

「あなたのなりたい自分の方向性を示すお手本を持つ」

ということになります。つまり、**「理想像を持つ」**ということです。また、理想像を象徴した「何か」を持つということになるのです。

この「何か」とは、どんなものでも構いません。**携帯ストラップでも、キーホルダーでも、カードでも、名刺でも、大きな旗でもよいのです。**

そういったものを持つことによって、あなたの中に大きな変化が生まれるのです。

より、自分らしく、より、人生をダイナミックに生きることが可能になるのです。

その理想像を持てば、あなたの人生は色々な局面で変わってきます。

例えば、初めて恋を打ち明けようとしたとき、あなたの理想像だったら、どんな打ち明け方をしたのだろうか……、と考えるようになります。

大学入試に落ちてしまったとき、あなたの理想像なら、どのように気持ちを切り換えたのだろうか……。

就職試験に自分が合格し、親友が不合格だったとき、あなたの理想像なら親友にどのような言葉をかけただろうか……。

結婚を決めて相手の親にあいさつに行くとき、あなたの理想像ならどのような会話から始めただろうか……。

仕事で大きなプロジェクトを任されたとき、あなたの理想像ならどのようにメンバーの結束力を高めただろうか……。

定年退職で、大きな額の退職金が入ったとき、あなたの理想像ならどのようなお金の使い方を考えただろうか……。

妻や夫を看取るとき、あなたの理想像なら、どのような最期の言葉をかけただろうか……。

人生には大きな節目もあれば、毎日の小さな決意もあります。

今日のプレゼンテーションで自分の提案を通すには、あなたの理想像なら、何を強く訴えかけるだろうか。

イライラする毎日の中で相手を認めてあげたいと思うとき、あなたの理想像ならどのような気持ちで朝の通勤電車のつり革をつかむだろうか。

そのような毎日繰り返す出来事の中にも、「私の理想像なら、どのように対処しただろうか?」と考え、選択するきっかけがあるのです。

マイシンボルを意識して、身につけていれば、そのような自分への問いかけが自然とできるようになります。

さらに、強くなったり、弱くなったり、気にせずに流してあげたり、こだわってくい下がったり。そのようなことも、意識して、自信を持ってできるようになるのです。

マイシンボルを意識せずに持っている人でも、このような選択の仕方が習慣化されると、無意識のうちに、迷うことなく、運命を信じて自分の正しいと思う方向性を選べるようになるのです。

でも、もしマイシンボルを持っていなかったら……、あなたは選択の基準をなくしてしまいます。東へと航海していた船が知らぬ間に潮流に流されて南を目指していたり、西に逆戻りしたりして、人生の目的地の港にたどり着くことができなくなってしまうのです。

大海に、羅針盤も持たず放り出されたボートのような状態です。

自分の理想像、つまりマイシンボルを持っていれば、目指すべき方向性を見失わずにすみます。このことによって、人生の質・可能性を高めることができるのです。

マイシンボルを持ち、自分のセルフイメージが高まると、行動が変わってきます。

かつての自分なら、ただ何気なくテレビを視て過ごしていた時間に、もしかしたら、将来のために読書をしているかもしれません。当然、読書をすれば、テレビを視て過ごすのとは違った結果が生まれるのは納得いくことでしょう。

しかし、実はこれだけではありません。読書をした後で起こる結果がさらに自分のセルフイメージに影響を及ぼすのです。そして、さらにその新しいセルフイメージで行動の質がまた変わっていきます。新しいスパイラルへと入っていくのです。

まさに、**内面と外面から人生が加速度的に変わっていく**のです。


私は現在、シンボルアートジュエリー『Ms GOD』というジュエリーブランド会社を営んでおり、これまで多くのアクセサリーをプロデュースしてきました。

私のつくるアクセサリーを身につけていただくことによって、皆が元気になり、イキイキと仕事を進め、夢を実現できるようになっていただきたい、幸せになっていただきたいという思いで、仕事をしてきました。

その試行錯誤の中で、次第に、私のつくるアクセサリーを身につけることによって、自分の個性や能力を最大限輝かせることができ、なりたい自分になれ、成功を引き寄せることができるようになる方が増えてきたのです。

私は、そういう方々を見るにつけ、とてもうれしかったのですが、ある時、その方々の中に、ある法則性を発見したのです。それこそが、「シンボル」という概念です。

最初は、無意識に「この人の人生を輝かせるものはどういったものか」というところから、その人に合った象徴物をアクセサリーにあしらっていたのですが、それこそが、皆の人生を変え、成功を引き寄せる根源だったのです。

そういうシンボルを意識して制作した私のアクセサリーを身につけられ、人生が好転した方の事例を次にいくつか紹介させていただきます。

✯ ムリをしないで……彼女が選んだマリア

「やさしい人になりたい」と、ある大手会社に勤める女性が私のもとを訪ねてきてくれました。

彼女はそれまではずっと、バリバリと仕事をこなし、会社の中でも多くの部下を束ねるリーダー格にまで昇りつめている人でした。

でも、そっと打ち明けてくれたのです。リーダー格になるまでに、自分もそれなりに傷ついたことがあったけれども、周りの人をもっと傷つけていたことも多かったことを。

「このままではイヤなんです。もう、ムリをして生きたくない」

私は、彼女にマリアのリングをつくってあげることにしました。

慈悲・奇跡・救い主のシンボルであるマリア。死せるキリストを抱く聖母マリアのモチーフは、ピエタ（イタリア語で慈悲などの意）として世界各国に星の数ほどあります。

その中で、500年以上も色あせることなく、他を寄せつけない傑作が、ミケランジェロが創作したピエタと言われています。

彼女に選んであげたマリアのリングは、そのピエタの頭部をアレンジしたものです。

かすかに涙を浮かべたような悲しみに満ちた表情は、訪ねてきてくれた女性

MARIA

に、こう語りかけているようです。

「もう、ムリをしなくてもよいのです。そのままでいいの。人も自分も傷つけないで」

彼女は、マリアのピエタに心の底から共感して、それを指にはめてくれました。

慈悲のマリアは、その女性が人生の中で立ち止まったとき、はっと自分が自分であることに気づかせてくれるシンボルです。

「指にはめて、時折、そっとリングにキスをすると安らぐのです。これから先、ムリはしません。このままで十分に力を発揮できそうです」

そう言う彼女は、力強く、優しい、彼女本来のリーダーに戻りました。

もう一つ、マリアのジュエリーのエピソードを紹介いたします。

私の友人に、大学、研究機関との共同研究で薬品を製造している会社の社長、大森清美さんがいます。

彼女のジュエリーをつくるとき、

「どんなシンボルが良いかな〜」

と二人で話していたのですが、私が、何気なく、

「ねえ、清美社長、マリアさまにしない？」

と言うと、彼女は、

「すごい！　ステキね！　実はね、20数年前に、ある方から『マリアさまに守られている』と言われたのよ。だから、20年間ずっと心の奥でマリアさまを思い続けていたのよ」

と言うのです。

お互いびっくりして、「偶然の一致ね！」とうれしくなりました。

現在、彼女の指で、ハートの聖母は彼女をやさしく見守っています。

✯これからだ！　という経営者を支えたダビデ

あるとき、知人の中小企業経営者と談笑していたときのこと、

「もっと事業を拡大したい。この3年、5年は攻めていこうと思っている」

といったお話をされていました。

彼につくってあげたのは、ダビデのリング。英雄、王、救い主、そして勇気のシンボルです。そのリングは、ミケランジェロがつくった彫刻の頭部をアレンジしたものでした。

ダビデは紀元前10世紀のころ、全イスラエルを統一し、エルサレムに都を定め、近隣諸国を征服併合していったとされる人物。まさに、すべての王の模範とされた英雄です。

ところがミケランジェロは、それまでのダビデ像が単なる勝利者として描かれ、彫られているのを不満に思ったのかもしれません。そこで、その勝利者の姿とは訣別し、人間が本来持つ自然な動きを彫像によって表現してみせました。

私のつくったリングはその頭部をアレンジしたものですが、自然な表情の中にも臆することなく敵を見つめる緊張感のある表情となっています。

中小企業を営む彼も、臆することなくリングをはめてくれました。きっと大

きな商談に向かうときなどは、そのリングを一瞥《いちべつ》してから得意先の門をくぐってくれていることでしょう。

✯身につけ始めてから一週間ほどで、幸運がどっと流れ込んできた！

「成功したい」と願い行動する女性は増え続けています。

ただし、それは男性の考える成功のイメージとは少し違うかもしれません。

男性的な、野心的成功かどうかよりも、もっと、現実的で心地よい成功感覚なのかもしれません。

女性の特質の一つは、「自分と相手の〝双方の心地良さ〟を求めていく」ということだと言えるのかもしれません。

ルームセラピーという新ジャンルを開拓する山田ヒロミさんもその一人です。

彼女の仕事は、資格としてはインテリア設計士。その資格を生かして、「思い通りの人生に変えるルームセラピー」というコンセプトを実践し、多くの顧客をコンサルティングしているのです。

心理学、風水、成功法則を取り入れ、

「自分のなりたい人が住んでいる部屋は？　インテリアは？」

と自分と対話しながら進めていく、女性ならではのジャンルだと思います。

彼女のジュエリーをデザインするとき、一番重きを置いたのはズバリ、金運、仕事運です。

「それを女性的感性で表現したいね」

そんな話の中で浮かんだのが鹿とハートです。

私も彼女も、「ちょっと欲張りね」と顔を見合わせて笑ったのですが、そのシンボル・ジュエリーの中には、彼女の将来に対する思いが込められています。

愛を表現するハート、富の象徴であるシカ、若々しさを示すY、健康・幸福を示すH。さらに、ハートの扉の中に彼女のイニシャルが微笑んでいる……そんなシンボル・ジュエリーです。

私は彼女に、

「YHというあなたのイニシャルには、言葉の意味があり、思いがあり、使命があるのよね。それを顕在化させましょう。気高く可愛いシカのシンボルを身につけて、さらなる発展を遂げてくださいね」

と伝えました。

すると、山田さんからはこんな返信が届きました。

「身につけ始めてから1週間ほどですが、幸運がどっと流れ込んできました。まず、私のライフワークである『空間を使って世界中を幸せな人でいっぱいにすること』について大きく前進する、ある国での、初セミナー日程が決まりました。また、数年前に私の講座を受けた受講生から『今、大きな夢が叶う直前にいます』とご報告をいただきました。これからどんな幸運が流れ込んでくるのか、とても楽しみです。ライフワークの実現に、一生で一度の重要な時期にこのアクセサリーを身につけられたことそのものが、大きな幸運だったと感じています」

私は、どんな人に対しても、「その人からあふれるものは、他の人のところに流れ、双方を繁栄させる」と信じています。

山田さんはまさにそのことを実証している女性だと思います。


本書では、私が、経験の中からメソッド化したシンボル活用法を、どなたでもご自身の生活の中に取り入れることができるように、詳しく解説いたしました。

私は仕事柄、アクセサリーという形でシンボルづくりをしておりますが、シンボルは、どんなものでも全く効果は変わりません。

むしろ、自分なりにカスタマイズされたほうが愛着が湧き、効果も高まるはずです。

ぜひ、今日から「マイシンボル生活」を実践され、その効果を実感されてみてください。

平成25年10月
小出直子

本書でご紹介する、シンボルを愛用されている方々

安倍昭恵さん（首相夫人）
今井千恵さん（『ロイヤル・チエ』創業デザイナー）
松本隆博さん（ＮＰＯ理事・歌手【ダウンタウン松本人志氏の兄】）
佐藤有里子さん（人材サービス会社社長）
萩原孝一さん（元国連職員・『スピリチュアル系国連職員、吼える！』著者）
おかざきななさん（スタープロデューサー・『たった1秒で愛される女優メソッド』著者）
谷田部浩之さん（アーティスト・コンサルタント）
山田ヒロミさん（インテリア設計士・ルームセラピー提唱者）

喜納弘子さん（エイムアテイン代表理事）
長谷川裕一さん（お仏壇のはせがわ会長）
苫米地英人さん（脳機能学者）
大仁田厚さん（タレント・元プロレスラー）
望月俊孝さん（人生の宝地図提唱者）
ロッキー・リャンさん（講演家）
ジョン・C・マクスウェルさん（自己啓発作家・講演家）
クリス岡崎さん（サクセスコーチ・『億万長者専門学校』著者）
岩本良子さん（1m8㎝の女性社長・『乗りこえられない壁はない（ガラスの骨）』著者）

※本文中を含め、役職、肩書などは、2013年10月現在のものです。

CONTENTS

THE SYMBOL
ザ・シンボル

How to achieve the life you wanted

CONTENTS

第2章　あなたの「マイシンボル」を見つけよう！
～自分探しの三つのステップ～

第3章　理想を進化させマイシンボルを強力にする

第4章「マイシンボル」を手に入れた後の世界を楽しむ

編集協力　菱田秀則
ブックデザイン　土屋和泉

第1章

シンボルパワーを活用するために

How to achieve the life you wanted

なりたい自分を実現するには

理想像を明確にし、行動に移す

なりたい自分になるためには、どうすればいいのでしょうか？

それには、まずは理想像（意志）を明確にし、次にその理想像がとるであろう行動（意識的な選択）を自分もとっていく必要があります。

この原理を理解しないまま、ただやみくもに頑張っても、うまくいくことは少ないのではないでしょうか。


毎日、一生懸命になって働いているあなたは、もしかしたら、

「疲れた……、もう成功なんて、どうでもいいや」

と思ってしまうことがあるかもしれません。

そして、

「自分は、いったい何を望んでいるのだろう？」……

と自問し、

「もっとお金がほしい」

「やりがいのある仕事に就きたい」

「ルックスやスタイルが良くなりたい」

「理想のパートナーにめぐり合いたい」……

というようなことをさんざん考えた結果、

「やっぱり私には成功なんてムリだよな」

と悲観的な気分になってしまうこともあるはずです。

そしてその後、少しばかり現実的になり、

「無理を言うつもりはない。自分らしい人生を歩みたい」

と思うような思考のスパイラルに陥ってはいないでしょうか？

そして一度は、殊勝な思いに至るも、しばらくすると再び、

「やはり、自分の人生はこんなものではないはず。もっと人から評価されてもいいはずなのに……」

という思いに駆られてしまうこともあるでしょう。

また、自分なりに様々な成功法則に取り組んできた人なら、

「もう、色々やってきた。成功法則を学び、メンターも探し、アレもコレも自分なりに実践してきた。でも、行動力が足りない、ゴール設定力が足りない、モチベーションが弱い。足りない、弱い、アレがない、コレがない。足りないだらけの自分。成功なんて、やはりムリかも……」

と思ってしまうかもしれません。

このような、負のスパイラルから抜け出すためには、今一度、なりたい自分になるための原理である、「理想像を明確にして、行動に移す」ということに立ち返る必要があります。

「理想像を明確にする」、言い換えると「自分の願望を明らかにする」ということを考えるとき、古代インドの『ヴェーダ』の次のような言葉が参考になります。

「自分の内面に存在する神や女神の胎児と連絡をとり、この世の中に生み出すことができないならば、いつまでも平凡な人生のままである」

みずからの内面にいる神や女神の胎児とは、何のことでしょうか。それは「もう一人の内なる自分」のことではないでしょうか。

では、**内なる自分に連絡をとるためのカギとなるものは何でしょうか。それこそがシンボルなのです。**

シンボルは、なりたい自分の指針となるものです。

人はシンボルそのものに、また、シンボルを通して内なる自分に語りかけます。そのとき、初めて人は堂々巡りの人生から抜け出し始めるのではないでしょうか。

理想像が明確にできたら、行動に移さなければなりませんが、このときにはコツがあります。

あまりに今の自分と理想の自分が離れすぎてしまっていると、理想的行動というものが、すぐにとれなくなってしまいます。

そんなときは、理想的行動を大きくしないで、小さくするのです。すなわち、行動のハードルを低くするのです。

例えば、炭酸ジュースを野菜ジュースにかえる、テレビを視るかわりに専門書を読む、人に厳しい言葉を言うかわりに思いやりのある言葉を使う……といった具合です。

誰でもできる行動から始めていけばよいのです。

まずは意志を持ち、行動をとり続けるということを何度も繰り返していくことが大切なのです。

世の中の様々なものにシンボルが見出せる！

実際の、あなたの「シンボルの見つけ方」の実践は、次の章から詳しく解説していきますが、本章ではまず、皆さんに、「シンボル」とは世の中にどれほどあふれているものなのか、ということをご紹介することにいたします。

シンボル例

「はじめに」の中の事例で少し紹介させていただきましたが、普段私がよくアクセサリーで取り入れるシンボルは、マリアや仏陀といった、**歴史上の偉人、神話の中の人物**です。

こういった偉人は、その業績・功績といったものが、とてもわかりやすく認識できるために、シンボルにしやすいということが言えます。

また、シンボルはこのような「人物」ということに限りません。**植物**、**花**、**天体（宇宙）**、**鉱物**、**宝石**、**文字**、**数**、**色**など、自然界に存在するあらゆるものが、シンボルたりえるのです。

特に、古代人はシンボルを身近な自然物に求めました。**太陽**、**月**、**星**、**動物**をシンボルと位置づけ、それを具現化したものを自分で身につけたのです。太陽や月を模したアクセサリーは、その古代人の姿・思いの名残の一つなのかもしれません。

また、古代人は、身近なものを抽象的な形態に発展させ、**形や色**、**数**をシンボルとしました。冷徹な青、妖艶な紫、情熱の赤は、そのころからイメージされたものかもしれませんし、ラッキー7も、起源はそのようなところにあったのかもしれません。

その後、人間は色々なものに、シンボル性を見出しました。

例えば、日、月、火、水、木、金、土という曜日に……。

例えば、ひ、ふ、みという数に……。

例えば、い、ろ、は、に、ほ、へ、と、という和の言葉に……。

例えば、+、−、×、÷という数式に……。

例えば、A、B、C、Dというアルファベットに……。

海だけではなく、山も河も、壮大な旅に出る自分自身の目の前に広がるすべてのものを崇拝し、その姿に神（=信ずべきもの）を見て、その力に自分自身を投影し、「身につけていたい」と感じたのでしょう。


さらに、人間は一つのシンボルを身につけるだけではなく、2元的なものを合わせることも覚えました。

陰陽といった対立するものを合一させることで、両極端なものに対応できるようにリーチを広くとり、どんなものにも対応できるように、そして、より強い自信をみなぎらせて、どんな航海にも旅立つことができるようにしたいと思ったのかもしれません。

また、その中で、日本人はとくに太陽のシンボル性に着目したと言えるでしょう。

そして、倭、つまり小国として蔑まれていた国を「日いずる国」とみずから名乗ることによって、日ノ本、日本という存在にまで高めたのです。


国名、国旗というものは、それぞれの国民にとって、最も馴染みのあるシンボルの一つです。


日本国旗の〝日の丸〟は、象形＝シンボルそのものです。

日の丸＝太陽を「お天道さま」とも呼んできたわれわれ日本人は、太陽に、見守ってくれるものの温かさ、明るくすがすがしい潔さのイメージを持ってきました。

そしてさらに、われわれがよく使う、「お天道さまが見ている」という言葉には、太陽は人間を良心に導くものであり、そして、われわれは大いなる和をもって太陽に導かれる存在であると認識していたということがよく現れています。


あなた自身ではないけれども、そのアイデンティティーを示してくれる存在。

あなた自身ではないけれども、あなたの水先案内人として、航海における

コンパスのように活路を指し示してくれる存在。
シンボルとは、そのような存在なのです。

〈事例〉

1 安倍昭恵さん（首相夫人）

知人の紹介で安倍昭恵さんのマイシンボルをつくることになったとき、私は、「安倍さんの活動的な姿をより表すジュエリーはできないか」と考えました。

安倍の「あ」、昭恵の「あ」は、会うこと、合うことなどの「始まり」を意味します。

英語でも「A」や「a」は音の始まり。まさに、「すべての始まりに彼女の存在がある」ということを感じたのです。

また、安倍昭恵さんは、東京で『UZU』という飲食店を経営されています。その店名の由来をうかがっていたとき、縄文文様の渦、水の渦、宇宙の渦、女神の渦が浮かびました。そして、直感的に「渦の中心となり、新しい世界を開く女性」の姿を感じました。

CREATION OF LOVE

当初、お店の名前としては、他のネーミングを考えていたそうですが、今では『UZU』以外には考えられないほどの素敵な名前です。

ジュエリーのシンボルは、まずは「A」からがご希望でした。このことを、シンボル・アート・ジュエリーのデザイナー（小出道夫）に話すと、小文字の「a」の形を太陽と月に見立てることを思いつきました。

そうしてつくったのが、「a」の文字をかたどったジュエリーです。

アルファベットの「a」を太陽と月で表現し、aの文字を下から見ると、ハートが浮かんでくるように形づくりました。

太陽と月は「創造」を表し、下から見た「ハート」は愛を表します。つまり、「愛を創造していく人」という思いが込められているのです。それを「太陽と月の結魂」と名づけました。

「かわいくて、大好きです。よく身につけていますよ」

と、昭恵さんはおっしゃってくれています。

彼女を中心とした、農業分野、ペット犬の保護、環境分野、その他多くの活動にかかわる方々も、いつしか「チームA」と呼ばれ、集い、活動はより活性化しているようです。

まさに、「渦の中心」で、権威的、差別的ではなく平和的、宇宙的に愛を創造していく存在として、今後も、渦は大きく美しく渦巻いて、より良い社会をつくるリーダーとして活躍されることを確信しています。

2 今井千恵さん（『ロイヤル・チエ』創業デザイナー）

今井千恵さんというよりも、『ロイヤル・チエ』というブランド名をご紹介したほうがよいのかもしれません。

彼女は、世界に冠たる高級毛皮『ロイヤル・チエ』の創業デザイナーです。

今井さんにはかねてよりご指導を受け、親しくさせていただいているのですが、彼女は、まさに「情熱」「ベスト」「Beauty」の人なのです。

今井千恵さんは、仕事でもプライベートでも、ベストのもの、最高級と言われるものを追求されます。金額的なことではありません。マインドのあり方のことです。

ファー、レザー製品だけでなく、本格焼酎『モーリス』や、世界最高のオリーブオイルもブランド化されていますが、どれにも完璧を目指す姿勢が貫かれています。

あるとき、明治時代に渡米して日本の米（ライス）をアメリカに根づかせることに成功されたおじいさまのエピソードをお聞きしていたとき、現在製造されている焼酎のモーリスは、そのおじいさまやお父さまの逸話や名前にちなんだものと教えていただきました。

「日本の物づくりは素晴らしい。それを世界に示したいの」

そんな彼女の言葉に、日本を世界に開く薩摩魂のＤＮＡを感じました。

今、私のシンボルアートジュエリー『Ｍｓ ＧＯＤ』のジュエリーと『ロイヤル・チエ』ブランドのコラボレーションを進めていますが、最高のものを目指す彼女の姿勢を受けて、モチベーションも高まります。徹底的にこだわり抜いた作品を仕上げたいと考えています。

彼女は、ニューヨークやパリでも大成功を収めていますが、以前、その秘訣を語ってくれたことがあります。

「とにかく、今、私たちがいる日本でベストを尽くし、最高のものをつくり上げる覚悟と、オンリーワンを目指す姿勢よね。現地へ行ってからという考えではなく、日本の市場で成功したものを、世界目線にしていく意識が大切なんじゃないの」

この言葉の中に、厳しいファッションの世界を数十年、トップで生き抜いてきた女性の生きざまを見るのは、私だけではないはずです。

もう一つエピソードをご紹介します。

ある会合でお世話になっていたとき、私のミスで、連絡不足があったのです。

私が謝ると、

「いいえ、大丈夫よ！　もう一度、確かめなかった私のミスなのよ。小出ちゃんは、悪気でしたのじゃないのだからね」

とのこと。責任感の強さ。何事も人のせいにしないリーダーシップ。そのときも気づきと学びをいただきました。

『ロイヤル・チエ』のブランドロゴのRをシンボル・ジュエリーに取り入れ、彼女のイメージ「B」の文字もまたアレンジしていきますが、それはまさしくベスト（BEST）のBであり、Beauty のBとなるでしょう。

3 松本隆博さん（NPO理事・歌手【ダウンタウン松本人志氏の兄】）

知人の紹介で知り合った松本隆博さん。

ダウンタウンの松本人志さんのお兄さんと言うと、おわかりになるかと思います。

大手家電メーカーグループで事業部長を経験したのち、東京に進出。ITベンチャー経営者として活躍する中で「妊娠応援サイト」を企画構築し、会員9万人のサイトに育て上げ、それを契機に少子化対策NPO法人の理事としてマタニティイベントも多数開催。また、全国の教育機関（大学、高校等）で、若者の就業支援「〝働くとは？〟講演ライブ」も開催されている方です。

そして、今年2013年からは警視庁の応援のもと「振り込めサギ撲滅ライブ」も各地で敢行中！　とどこまでも突っ走る男、松本隆博さんです（彼は、ソニーからメジャーデビューもした本物の歌手でもあります。私は、彼の曲「すきやき」を聴くたびに瞼がジーンときます）。

また、〝社会貢献的エンターテイナー〟として、何と年間200回ものイベントを行っているそうです。日本中を駆けめぐり、イベントは5年間で通算1000回を超えたそうです。

その活動は「日本をすばらしい国にしたい」という思いに満ちあふれています。

そんな松本さんのシンボル・ジュエリーをつくることになったとき、真っ先に浮かんだのが「F」の文字。

ファミリー、フレンド、フェロー(仲間)、ファイト、ファイアの「F」です。

それに「羽」をコラボしてみました。羽は「fly」であり、飛翔のイメージが松本さんにはピッタリだと思いました。

また、松本さんのライブは真剣勝負なので、あえて、「愛の剣」を「羽」で表現したいと思ったのです。

彼の、活動の幅の広さは、まさにFの力で支援・協力の輪を広げている結果と言えるでしょう。

4 佐藤有里子さん（人材サービス会社社長）

私の知人で、佐藤有里子さんという女性経営者がいます。キャリア・リードという人材サービス会社を経営し、福岡の女性経営者の中で中心的存在として活躍されています。

あるとき、「私もジュエリーがほしいけど、自分のシンボルが何かはわからないから、小出さん、一緒に考えてね」と言われ、彼女の仕事ぶりをうかがったことがありました。

彼女の仕事は、総合人材サービス業で、いわば、女性の働く場所、職種、機会の開拓と提供を行っているのです。

このほかにも、「わたしと僕の夢」というNPO母子家庭支援事業もされています。

彼女の起業の背景には、ご家族・ご自身のいくつかの難題を乗り越えてきた経緯もあり（女性が中心の会社ということもあり）、女性や子どもたちへの思いが特に深いのだと感動しました。

私はそのような話をしていく中で、「つながり・重なり」が、彼女のキーシンボルであると感じました。

そして、「やさしくつながる、輪っこ・抱っこ・ありがとう」という言葉が浮かんできました。

輪っこの「わ」は「輪、和、話、笑」。それが、抱っこしあいながら重なって微笑んでいるイメージです。

「大きくなあれ！　元気でいてね、笑っていようね」

といった尽きぬ母の願いです。

実際に、「ありがとう」という感謝の言葉は「『ありがとう』その一言が原動力」として、佐藤さんの会社、キャリア・リードのキャッチコピーにもなっています。

そのような言葉を連想してやさしい気持ちが膨らんできました。

その上で、彼女のもう一つの立場も思い浮かべました。

彼女には、愛を込めて抱きしめるだけでは許されない、「仕事をつくる」というもう一つの生き方の核があります。

今日の平安は平安として、多くの女性の明日の平安をつくるという、現実的な未来を自分の力で創造していく必要があるのです。

彼女の仕事をそのように受けとめ、私は彼女に「リードと合掌」をモチーフにしたジュエリーをつくりました。

戦うリーダーとしての彼女と、深く願い、祈る彼女。経営者である女性・母親が持つこの二つの面を、支えにしてほしいと思ったのです。

合掌とは「祈り」です。合掌のジュエリーには、「1回祈るごとに、天に祈りが貯まっていく、それが、社会の幸せにつながっていく」というような思いを込めてデザインしました。


幸せを祈るシンボルには基本となるテーマがあります。

「健康で長生きすること」「社会的に認められること」「人望を得ること」「富

PRAY

と繁栄を得ること」「美しさ、若々しさを保つこと」「家庭的に安定すること」「世のため、人のために尽くすこと」

これらのテーマを、「つながりの合掌」のモチーフに託しています。

自分と他者が一つになり、幸運も不運も一つになり、天運として身を委ねる。合掌はそのようなシンボルなのです。

第2章

あなたの「マイシンボル」を見つけよう！

自分探しの三つのステップ

How to achieve the life you wanted

マイシンボルを見つける3ステップ

本章からは、いよいよあなたのマイシンボルを見つける具体的な方法についてご紹介していくことにいたします。

その方法はとってもカンタンです。なぜなら、誰にでも見つけることができるのがマイシンボルだからです。

ステップ❶　QUESTION
ステップ❷　FIND
ステップ❸　KEEP

この三つのステップで、心の扉を開けていけば、きっとマイシンボルが「ようこそ」とやさしく声をかけてくれるでしょう。

ステップ1　QUESTION

最初の扉は「QUESTION」。

自問のステップです。自分自身に問いかけ、答えを探していきます。

自分の人生をかけた「マイシンボル」ですから、他人に決めさせるのではなく、あくまで自身で決めていくのが最も良い方法です。

やはり、答えを出すにはまず質問をしなければなりません。答えと質問はセットです。

例えばインターネットで何かを検索するとき、パソコン上に調べたい単語を入力していくと、情報が次から次に出てきますよね。しかし、パソコンの電源をつけて何も入力しないで待っていても情報は出てきません。

このように、何か答えを得たい場合は、「質問する」というステップが必要なのです。

また、自問する場合のポイントがあります。

それは、できるだけ、心を静かにしてから自問するということです。

なぜかというと、雑念があり過ぎると、脳は、何を質問されたのかわからない状態になってしまうからです。

ですので、落ち着いて、心のおしゃべりを静めてから自問していくことがポイントになります。

質問の具体例はこのようなものです。

マイシンボルを引き出す質問

「私はどういう人生を送りたいのか？」

「私はどういう自分になりたいのか？」

「私はどのようなことを表現したいのか？」

ここで、自分のことをしっかりと探ってみましょう。心を静かにして、内面を見つめ自分と対話し、穏やかに自問してみるのです。

自分に問いかけを行うと、心の中から語りかけてくる自分のささやかな声に気づくはずです。

やさしくありたい、強く戦いたい、もっと楽に生きたい、大金持ちになりたい、心穏やかであればそれでよい……自分の声に素直になって、まずそれを受け入れるのです。

ステップ2　FIND

次の扉は答えを孵化《ふか》させるステップです。

ステップ1で明らかにした、自分が描く人生の目的に沿うものをシンボル化するのです。**思い描いたものを素直に受け入れながら、**この作業をしてみましょう。

シンボル化するとは、言い換えると、自分の人生の目的を、自分が**「共感できる」部分がある人物や動物などに、置き換えることです。**

第1章で、世の中にはシンボルがあふれているというお話をしましたが、ここで、その代表的なものをいくつか見ていくことにしましょう。

数字

「0」…すべてのもとです。Truth・真実、God・神、Space・空間の象徴であり、そのもととなるものです。色で言えば黒。黒があるので、すべての色が存在できる、そのようなエネルギーを感じさせてくれます。

「1」…すべての始まりです。Unity・統一体、Focused Concentration・集中、Action・行動などの始まりや、変化、決断を意味します。自信を持つことができ、適切な決断力や行動力を示します。独自性、個性が輝き、正義感があり、リーダーシップが発揮されます。1はまさに「自分」を表現するための数字なのです。

「2」…両立を意味します。Duality・二元性、Division・分割、Choice・選択などの意味を示します。バランス、受容性、忍耐や辛抱、希望に満ちあふれた数字です。1で始めたことを受けて、それを発展させる。バランスをとる。しっかりと形にすることができる姿を想像させます。
また、2は女性性を表す数字でもあります。成熟した女性性は、思いやり、やさしさ、受容性、慈しみ育てるというような、誰かのために自分のできる何かをすることに発揮されます。ことの大小を問わず、それは愛の行動です。2の持つテーマである、愛、受容、やさしさ、思いやり、平和、美、絆、バランス……を大事にしている人も多いことでしょう。

「3」…完成の姿です。Trinity・三位一体、Union of Divine Plus Human・神聖性と人間の合一、Manifestation・創造などを目指します。アート、アイデア、イマジネーション、楽しむことを示します。子どものように遊んだり、コミュニケーションをとったりということを表します。料理をしたり、音楽などの、創作活動をしたりする人に、ぜひ取り入れてもらいたいシンボルです。

「4」…規則性です。Practical・現実的、Orderly・規則正しい、Patient/Logical・忍耐強さ、論理的などをあなたにもたらします。

4はものごとの構造を意味する数字です。私たちの社会も国家も世界も一つの構造、まとまり、システムですから、その中で生きていくことの大切さを示します。

「5」…変化をもたらします。Adventure・冒険、Change・変更、Freedom・自由などを求める人にピッタリのシンボルです。

5は変化とともに、広がりを感じさせる数字です。動き、活動、自由、開放、オープン性を示します。意識は外へ、枠や型というものを超越したところへと向かいます。破天荒、命知らず、無鉄砲……といった形容詞で語られるエネルギーも、また5という数字の持つ魅力かもしれません。

「6」…整合性です。Harmony・調和、Beauty・美、Nurturing・滋養などを意識

した人が好みます。それは、バランスを意味する数字です。
6は母性や父性といった親のようなエネルギーを持ちます。ときにやさしく慈しみ深く、ときに厳しく、思いやりや貢献という意味を持つ数字です。調和や美を信じる人にエネルギーを与えます。

「7」…深く求められることを好みます。Philosopher・哲学者、Sage/Wisdom Seeker・賢明な、知恵の探求者、Reserved/Stoic・無口な、禁欲主義などを語る人のためのシンボルです。
隠されたものを探求しようとするエネルギーを与えます。

「8」…豊かさを示します。Achievement・達成、Abundance・豊富、Executive/Self Disciplined・高官、自己訓練などのシンボルです。
現実化させることのエネルギーを感じさせる数字です。

「9」…慈しむ心に働きかけます。Humanitarian・人道主義、Compassionate・思

いやりのある、Romantic・ロマンティックな心のシンボルです。
癒しのエネルギーに満ちた数字です。謙虚、完了のエネルギーを感じさせ、ものごとを達成に向かわせてくれます。

次に「ひふみの数シンボル」を見てみましょう。
ひふみは数であり、言葉でもあります。数と言葉は自在に変換が可能です。

- **ひ**…魂、火、日
- **ふ**…増える、風
- **み**…身、実、水
- **よ**…世
- **い**…息、意
- **む**…結び
- **な**…成る
- **や**…弥栄

・こ…凝る、個、心

・と…止まる、留まる、新たに

ひふみのリズムで、ものごとの本質と創造過程を読み取ってみてください。

「一」ひ…ものごとの始まり。

「二」ふ…分離、増える、二極に分かれることで現実化へ。

「三」み…実、身、調和、完成し整う。

「四」よ…世の中、安定、良き。

「五」い…息、意、自然の息吹、意志、天の意図。

「六」む…睦び、結び、二極のエネルギーの配備。

「七」な…成る、鳴る、段階で成立、一まとまりの構成。

「八」や・は…多数、無限の広がり、すべて、末広がりの弥栄へ。

「九」こ…固、固まる、凝する、天の心。

「十」と…統合、統べる、統合し新たな始まりに。

色

さて、次は色のシンボルです。

実は、**色のイメージはほぼ世界共通です**。色は世界共通の言語であり、共通のエネルギーと言えるのかもしれません。

そして、**色の言葉を理解すれば、感情や心を楽しくコントロールできるようになります**（※色のシンボルを取り入れて、体や心のバランスをとるメソッドを、カラーヒーリングとも言いますが、とても効果的です）。

ここで、色の三原色（赤・青・黄）を、その組み合わせの色の特性と合わせてまとめてみました。

赤…火、太陽、血、地下のマグマです。生命力、情熱、熱気、暖かさ、やる気、暴走を意味します。

青…水、海、空です。知性、平和、爽快、自由、理性、鎮静・冷静、憧れ、伝統、保守的、円満、内向を意味します。

黄…光、太陽、ひまわりです。陽気、子どもっぽさ、ウキウキと楽しい、明るい気分、希望、快活、健康的、冒険を意味します。

緑（青と黄）…自然、樹木、植物です。調和、バランス、まじめ、礼儀を意味します。

オレンジ（赤と黄）…健康的、親しみやすさ、暖かい、内なる情熱を意味します。

紫（赤と青）…相反する特性が結びつく色です。静と動、陰と陽の同居を意味し、感受性、また、赤の力と青の知恵を混ぜ合わせた神秘、癒しをもたらします。

白…月、雪、雲です。超越、清潔、無垢、爽快、解放を意味します。

言葉

ここまで、数字や色のシンボルを見てきました。

実は、そのほかに、**「日本語」**、**つまり言葉**にもシンボルは眠っています。

言葉には「言霊」があります。

私たちが交わす一つひとつの言葉には、霊的な力が宿っています。

霊的というと神秘性が高まり過ぎるので、ここでは**「言葉の持つイメージ」**と考えればよいでしょう。

「ママ」という言葉にはやさしさが宿り、「会長」という言葉には威厳が宿ります。「スター」には華やかさが……、それらをシンボルとして表現するのです。

例えばギリシャ神話では、四大元素は「火、水、土、空気」と言われ、中国古来の五行説では万物は「木・火・土・金・水」の5種類の元素から成ると言われています。

日本の神話でも、「火と水と土」は国づくりに大きな役割を果たしています。この火と水と土の三つを取り入れたシンボルをつくり、日本人としての自分の初心をイメージしてみると、ひ（火）み（水）つ（土）の力をもたらしてくれるかもしれません。

さて、次に世の中にある万物が持つシンボル的意味と、それぞれの言葉から受けとれるイメージを少し列挙してみます。

稲妻…超自然の力のシンボル。雷、雨を伴い大地に豊穣をもたらす。
岩…不動。不変。
鏡…己を知る。真実。賢明。
鍵…解き放つ力。つなぎ止める力。自由自在。智慧。暗号の解読。
風…神々の意志。息吹。思いのままの自由。
木…豊穣。繁栄。落ち着き。安らぎ。
光…神性。霊的要素。真理。解放。
階段…より高く。一歩一歩高みへ。上昇。他の領域への移行。

翼…自由。高み。

結び目…長寿。持続。智慧。

指輪…無限。永遠。完成円の持つ意味の具体物。結び。強さ。

蓮、蓮華…太陽の火と月の水の交わりから生まれた光の花。調和。統一。泥沼の底で育ち、水面に昇り美しさを披露することから悟りを表す。

王冠…高み。権威。権力。完全性。

太陽…永遠。完全。公平。無制限のエネルギー。

月…再生。補給。変化。

海…人間の世界では一番大きく、また深いもの。母性。すべてが誕生する場。

森…無意識の領域。大いなる力がある場所。

火・炎…生命力。情熱。四大元素（火、水、土、空気）のうちで人間がつくることができる唯一のものなので文明を意味する。炎は時として怒りや強い恋愛感情を表す。

ビーナス…愛と美の女神。魅力。二面の融合の力。美しく、かつ強い魅力のシンボル。

ハート…心。愛情。思いやり。平和。

シンデレラ…惨めな境遇から幸運・成功をつかんだ女性。美しい心。幸運。思いやり。奇跡。

動物

ここでは、代表的な動物のシンボルを紹介いたします。

ライオン…勇気。強さ。王権。リーダー。活力。正義。法。

鳥…魂の自由。意識の高揚。神の使者。軽さと速さ。

馬…活力。力強さ。スピード。

鷲、鷹…天空。人間界の上空に昇る力。鋭い眼力。

パンサー…美。力。勇敢さ。

龍…古代世界の四大元素を集約したもの。天と地を結ぶ。幸運。雨の神の化身。名声。

鳳凰…陰陽合一をつかさどる神獣。不離の和合。公正。正義。平和。永遠。生命力。

亀…母なる大地のシンボル。健康。長寿。円満。予知能力。

蛇…対極の意味を持つ。脱皮による若返り。変幻のシンボルで、羽をつけたり、足をつけたりして聖蛇、龍などに変幻していく。天と地を結ぶ。豊穣。守る。

コンドル…雷光の守護神。自由。飛躍。

ウサギ…飛躍。長い耳で情報、福を持ってくる。豊穣。仏教説話から献身、捨身慈悲。月の化身。

歴史上の偉人

ここでは、代表的な歴史上の偉人たちのシンボルを紹介いたします。

吉田松陰…高い志を持った信念の教育者。

西郷隆盛…天を敬い人を愛する。天命を貫く動じない人。

武田信玄…学んで知恵を磨く人である。人の心を思いやり大切にする。無敵の戦略家。天下一の将。

坂本龍馬…日本を変えるほどの行動力がある人。

豊臣秀吉…人の心を掴む「人たらし」の天才。大きく自分を超えて出世する人。

徳川家康…天下を統一できる人。

伊達政宗…波瀾万丈の将。

葛飾北斎…世界に通用する画家。

メントール…良き人間、賢者となり、側にいる人の良き理解者、良き支援者としての役割を果たす人。

ダビデ…不可能を可能にし、皆に勇気を与える人。

ミケランジェロ…不屈の意志を持ち、超人的な才能を持つ人。

聖母マリア…人を思いやり、愛を注ぎ、人を導き奇跡を起こす人。

アインシュタイン…自由自在なユニークな発想を持つ、時空を飛び越す天才。

エジソン…いかなる困難や障害も恐れないで、ものごとに取り組む姿勢を持ち、好奇心や不屈の信念で世の中を変えていく人。

ヘレンケラー…逆境を超え、世のため人のために尽くす人。

マザーテレサ…真実の愛を持った実践者。

ここまでご紹介してきた例を参考にしていただき、ステップ1の質問に対する答えに沿う形の、自分が共感できる数字、色、言葉、動物、人物などを探っていきましょう。

例えば、数字の「1」が持つ、〝独自性、個性が輝き、正義感があり、リーダーシップが発揮される〟という点に共感するのであれば、「1」をあなたのシンボルにすればよく、赤色が持つ〝情熱〟に共感するのであれば、「赤」をあなたのシンボルにすればよいのです。

同様に、鏡という言葉が持つ、〝真実〟というものに共感するのであれば、鏡そのものをあなたのシンボルにすればよく、ライオンの持つ強さに共感するのであれば、ライオンをシンボルにすればよいのです。

また、歴史上の偉人は、「なりたい自分」を投影しやすいため、シンボル化しやすいとも言えます。

例えば、坂本龍馬のような日本を変える男になりたい、徳川家康のように天下を統一できる存在になりたい、伊達政宗のように波瀾万丈の将として生きたい、という感じです。

賢者・メントールのような、ダビデのような、ミケランジェロのような、とギリシャ神話の登場人物やその像をつくり上げた芸術家などを思い描く人もいるかもしれません。聖母マリアのような心で、子どもたちを優しく愛で包み込んであげたいと思っている人もいるかもしれません。

人物像ではなく、よりキャラクター・パーソナリティのレベルで考える人もいるでしょう。

皆と協調して仕事をやっていくのが得意なので、自身は全体のパーツとして、大きな仕事を皆でやりたいと思っている人もいます。

一人でこもって作業するのが得意なので、他の人に邪魔されずにできることをやっていきたいという人もいます。

ビジネスのプロデューサーになりたいとか、世界一のスピーカーになりたいと思っている人もいるはずです。

自分が描く人生の目的であれば、何でも構いません。ただ、**思い描いたものを素直に受け入れる、それだけでよいのです。**

本書はスペースが限られているため、世の中に数多くあるシンボルのすべてを紹介することは当然ながらできません。

ここまでで紹介させていただいた代表的なシンボルを参考に（とっかかりに）されて、あとはインターネットや書籍などを活用し、ご自身で調べてみてください。

シンボルとアファメーション

シンボル化には、自己暗示という行為がともないます。他人はどうであれ、自分は「それを信じる」ということが大切だからです。

その自己暗示の一つの方法として、「アファメーション」という手法があります。

アファメーションとは、自分自身に対して、肯定的な宣言の言葉を語りかけていく手法のことです。

自分に対して、より意識的に、よりよい言葉を選んで語りかけていくことができれば、自分自身の意識や心のあり方を変えることができ、より自分の望む方向に進んでいくこともできます。

このアファメーションを、あなた自身のコンパスでもあり、分身でもあるシンボルを通して行ってみましょう。

太陽をシンボルとして選んだあなたは、炎のような強い意志を込めた言葉を、その言葉に導かれるようなイメージで自分自身に語りかけるのです。

月をシンボルとして選んだあなたは、水のように静かな意志を込めた言葉を、その言葉に支えられるようなイメージで自分自身に語りかけるのです。

さらに、太陽と月の円環をシンボルとして選んだあなたは、結婚したときのような祝福に包まれた言葉を、調和と安定に包まれた気分で自分自身に語りかけるのです。

例えば、「蛇と太陽と月」をモチーフにしたシンボルをあなたが選んだとします。

そのとき、あなたは自分自身に、

「私は今、皮を脱ごうとする蛇です。新しい自分に変容している、まさにそのときなのです」

と念じていきます。

太陽には、永遠、完全、公平、無制限のエネルギーがあります。何が起ころうとも、永遠に与え続けている存在なのです。

その存在を理解したとき、

「何も気にしなくていい。朝日の中に飛び込んでいこう」

と勇気が湧いてくるはずです。

「私はたっぷりな存在だ。活力がみなぎり、それは無尽蔵だ。今まさに、トライ！」

といったメッセージを自分自身に送り、かつ自分自身で感じとることができるはずです。

「月」は再生と補給、変化のシンボルとも言えますが、それを選んだあなた自身は心を鎮めて、この世に蓄えられている膨大な宝に目を向けてみるのです。そうすれば、限りない甦りとエネルギーの源を、そこに感じとることができるでしょう。

例えば、

「お金がない」

と思ったら、月のシンボルをじっと見続けてみるのです。すると、もしかしたら、

「月は欠けたり、満ちたりするが、そこに、必ず、ある」

ということを実感できるかもしれません。そうしたら、

「流れにまかせること。安心して大丈夫！　私は静かに輝き続ける」

と、あなた自身にメッセージを送り続けてみましょう。必ず変化が起こるはずです。

ステップ3　KEEP

人生の目的を自問し、その目的に照らして共感できるものを見定め、そのシンボル性について理解できたら、**三つめの扉を開けてみましょう。その鍵は「KEEP」です。**

KEEPとは、維持し続けること。ですからこの扉は、折に触れて何回も開け閉めすることがあるかもしれません。

たとえマイシンボルを見つけたとしても、1週間でそのことを忘れてしまったのでは何も効果が期待できません。マイシンボルを決め自分の理想に注意を注ぎ、意識的な選択をしていく回数を増やさなければなりません。

しかし、自分の理想を追い求めるのですから、疲れ果てるようなことはありません。むしろ楽しいことかもしれません。他でもない自分の人生をデザインするのですから。

三つめの扉を開けるきっかけは、**「もし〜なら、どうするだろうか？」**と考えたときです。

そのシンボルのイメージを維持し続ければ、何か選択しなければいけないと感じたときに、シンボルのイメージに沿った意識的な選択ができるようになります。

もし、周囲が反対しても実行すると決断したとき、マリアならどのように周囲に理解を求めただろうか。

もし、賛同者に裏切られたとき、マリアならどのような言葉を投げかけただろうか。

もし、新しい事業がうまく進まず縮小もやむなしと考えられそうなとき、ダビデならどのような選択をしただろうか。

商品の販路が予想以上に拡大したとき、ダビデならどのように社員に語りかけ、そのことを喜び、また、兜の緒を締めただろうか。

このように**あらゆる選択の場でシンボルをイメージし、その声を自分の心**

の中で聞いてみるのです。

ムリのない範囲で意識し続けてみてほしいと願っています。
そのためには、習慣化すること。
習慣化するには、次の5つの対応が欠かせません。

理想の意志をKEEPする5つの鍵

・小さな選択であっても自分に問いかけてみる。
・意識的な選択を増やす。
・定期的に、マイシンボルを見て「私を通して活動してください、生涯導いてください」と心の中で唱える。
・朝もしくは夜、マイシンボルを見ながらアファメーションの言葉を心の中で唱える。

・行動ができにくい場合は、行動のハードルを下げる。

人生の大きな選択であれば、誰もが自問自答して結論を下すので、その判断材料の一つにシンボルのイメージを意識して、確認しながら自分自身に問いかければよいでしょう。

ただ、そうした大きな選択は、人生の中で、毎年のように、何度も訪れるようなものではありません。ですから、ほんの小さな選択の都度、シンボルのイメージを意識してみればよいのです。

例えば、お母さんの帰りが遅いと泣いているわが子に、マリアならどのように話しかけただろうか、カゼをひいたわが子を病院に連れていったとき、マリアならどのような面持ちで医者の説明を受けただろうか、といったことでも自分に問いかけてみるのです。

また、接待の席で出された高級酒をダビデなら飲み干しただろうか、打ち合わせの時間に早く着いてしまったとき、ダビデならどんな時間の使い方をしただろうか、と意識してみるのもよいでしょう。

どんな航路を選んだとしても、人生という航海は、小さな選択の積み重ねです。その小さな選択の機会が常に訪れていることを意識していれば、おのずとシンボルのイメージを意識することにつながっていきます。

QUESTION、FIND、KEEP。この三つの扉の鍵を開ければ、あなたも、あなただけのマイシンボルを手に入れることができるのです。

マイシンボルは、どのような形で持っても構いません。

大切なことは、あくまで、あなたが「理想像を持つ」そして、理想像を象徴した「何か」を持つということなのです。

「何か」とは、私の場合は、デザイナーという仕事柄、ジュエリーやアクセサリーが基本となっていますが、これは、**どんなものでも構いません。**

携帯ストラップでも、キーホルダーでも、カードでも、名刺でも、大きな旗でもよいのです。

共感できるものが見つかったら、それを、それこそ自分で紙に描き、それをノートに貼るなどして持っていてもよいのです。

例えば、自分の共感する相手が、メジャーリーグのイチロー選手だったとしたら、イチロー選手の写真を自分の手帳に貼っておくということでも、十分にマイシンボルとなり得るのです。

実際のマイシンボルづくりについては、１２２ページからご紹介していますので参照してください。

5

〈事例〉
萩原孝一さん（元国連職員・『スピリチュアル系国連職員、吼える！』著者）

ここで、ある「声」から問いかけられて人生を変えていった方をご紹介します。

その声はこう言ったそうです。〝Save the Earth〟地球を救え、と。

この声との問答、自己との問答の中、これまでとはまったく異なる新天地を目指したのが私の知人、萩原孝一さんです。

『スピリチュアル系国連職員、吼える！』という著書で、一躍、時の人になった元国連職員です。

この本の完成の直前に東日本大震災があり、彼はその1か月後に気仙沼や南三陸町を訪れ、「俺はこの状況にどう向き合っていくのか？　俺のなすべきことは？　ここにかかわっていく覚悟はあるのか？」と自問自答したそうです。その結果は「自分の出番がきた」とブログに記しています。さらに、それを定年後の「人生の愉しみにしよう」とも……。

「愉しみ」というと、不謹慎に思う人もいるかもしれません。

しかし、彼にとっては、愉しみなのです。

何より、そこには被災地とそこに暮らす人たちにかかわっていく覚悟があります。覚悟して楽しむことこそが、彼の生きる姿の真骨頂とも言えます。

『スピリチュアル系国連職員、吼える！』はそんな彼の東北復活（日本復活）への祈りと覚悟の結晶です。


そして、彼にはもう一つの覚悟があります。それは、国連職員として現役中に担当したアフリカの開発です。彼自身の魂の故郷、アフリカに、腹をくくって生涯かかわっていくことは覚悟でもあり、愉しみでもあるのです。


私は彼のシンボルとして、「愉」の文字をモチーフとしたジュエリーがふさわしいと思っています。

そして、「天秤」（バランス）です。

知性と感情。神と人間。思考と行動……天秤の上には、愉に満ちた正義のギフトとそれを動かす行動力が乗っている、そんなイメージが湧いてきます。

彼は、見た目、とても〝定年世代〟には見えません。

以前、初めてお会いしたときに、

「ホント、とっても若く見えますね」

とお話ししたところ、

「見えるんじゃなくて、若いんですよ」

と笑い返されました。

魅力的なエネルギーに満ちあふれた存在の孝一さん。考ちゃんファンがいっぱいです。

100歳、120歳になったら、きっと「翁」「鳳凰」を体現する人です。

愉しむためには、それなりの覚悟が必要です。とくに、震災を受けた被災地の復興を愉しむということは、並々ならぬ覚悟が必要です。

しかし、きっと彼はそんな周囲の心配をよそに、しっかりと愉しんでいるはずです。

彼は「愉の天秤と鳳凰」のシンボルで、常にその言葉、文字を胸に刻みながら、これからも震災後の被災地、アフリカに深くかかわっていくことでしょう。

6 おかざきななさん（スタープロデューサー・『たった1秒で愛される女優メソッド』著者）

スタープロデューサーのおかざきななさんは、『たった1秒で愛される女優メソッド』をはじめとした女性の魅力を引き出す著書で著名な方です。

芸能界を引退した後、複数の会社を経営しながら行っている、女性起業家やOL、主婦に対する「艶のある女性を作り出す極秘メソッドのセミナー」は、圧倒的な人気を博しています。

彼女を見たとき、誰もが思うシンボルが「愛と美のビーナス」ではないでしょうか。まさに、魅力の法則を広める艶のある女性なのです。

また、少し見方を変えれば、関係する人に福をもたらす愛の人、芸能の才女である「弁財天」がシンボルとなるかもしれません。


世界の美の象徴である「愛と美のビーナス」というシンボル・ジュエリーを手に入れる女性は、男性の目から見ても女性の目から見ても、ちょっと不遜なイメージを持たれるようなことがあるかもしれません。

しかし、彼女はかかわりを持った人をとても大切にします。一生懸命、全力でサポートするのです。

ビーナスの頭を飾る光のキャンドルは他の人をも輝かせるのです。

それは、6万人のタレントのオーディションにかかわり、女優の市川由衣、ゆずの北川悠仁、他100名以上の新人をデビューさせた実績を持つ彼女が大切にする生き方なのかもしれません。

あるとき、私は彼女にこう言われたことがあります。

VENUS

「直ちゃん、言われてうれしい言葉は何？」

ちょうど、自分に自信の持てなかったときでしたので、私は、「そうね、『あなたに会えてよかった』という言葉かしら」と、何の含みもなく答えました。

すると、「いいわよ、その言葉。どんどん他の人にも使ってね！」と言ってくれたのです。

そのようなほんの小さなひと言で、周りの人を勇気づけたり、活気づけたりできる女性なのです。

こんな、やさしく賢い、ななさんですから、多くの人からメンターと慕われています。もちろん私の最高のメンターです。

「あなた、自信がないと引っ込み思案になっていないで、『愛と美のビーナス』のシンボルを手に入れて、どんな人にもやさしく振る舞うことができ、多くの人から信頼され、愛される人になれるわよ」

そんな、やさしくてセクシーな「ルゥパァ〜ン……」のフジコエクスタシーブレス（ななさんの魅力のメソッド）ボイスが聞こえてきそうです。

7 谷田部浩之さん（アーティスト・コンサルタント）

私の友人にHiro Yatabe（谷田部浩之）という異色の人物がいます。

彼は大きく分けて、アーティストHiro Yatabeと、コンサルタント谷田部浩之という二つの世界を持つ、多面的な才能にあふれた方です。

彼のアートは、まるで木や雲や谷や花が歌い、語りかけてくるような作風で、まさに「ガイアが奏でる癒しのアート」と呼べるものです。

Hiro Yatabeの多面的な彩りを持つ才能を、私流の解釈をすると、西洋のユニコーンというより、東洋の麒麟がシンボルとして浮かび上がってきます。

霊獣麒麟は一角獣ともよばれ、ユニコーンと比較されることもあります。しかし、麒麟の一角は柔らかく人を傷つけることはせず、統合・仁愛の象徴です。五元素、五行（木・火・土・金・水）、五色（青・赤・黄・白・黒）の統合を意味する麒麟の姿が、Hiro Yatabeの多面的な彩り、統合の才能と重なって見えるのです。そして、彼の作品も時空を超えることでしょう。

第3章

理想を進化させ
マイシンボルを
強力にする

How to achieve the life you wanted

自分以外の人を意識することで、シンボルを進化させる

この章では、「マイシンボル」を進化させるアプローチについてご紹介いたします。

マイシンボルを持つことは「理想像」を持つことですが、その「理想」を進化させるステップです。理想を進化させることにより、マイシンボルは、より強力になっていきます。

社会にどのように役立つのか？

さて、ここまであなたは、あなた自身がお手本として頼りにするマイシンボルを手に入れ、壮大な旅のストーリーを描いてみたはずです。

マイシンボルによって、あなたの人生への立ち向かい方も学んでいますので、まさに鬼に金棒でしょう。

でも、そのマイシンボルを持った自分の船が、航海中に接触事故を起こしてしまったら……。人は一人では生きられないのですから、長い航海の中で、誰かを支えることもあるでしょうし、支えられることもあるはずです。

互いにマイシンボルを持った者同士が協力し合えば、壮大な旅はもっと楽しく、豊かで力強いものになるでしょう。

そのとき、まずあなた自身が考えるべきことが一つあります。

それは、「人のために何ができるか？」ということです。**「マイシンボルを持ったあなたが、社会にどのように役に立つのか」**ということなのです。

その質問を自問したとき、今までよりさらにセルフイメージが引き上げられるのです。

他人と自分の壁が崩壊した瞬間、マイシンボルは進化する

一人ひとりのパワーは限りないものです。しかし、それでは、その人の一部しかパワーを発揮できていないということも事実なのです。

では、人は、発揮できていないパワーを、いつ、どのようにして発揮するのか。また、どのようにすれば大きく発揮できるのでしょうか。

自分のパワーを自分のために発揮しようと思うと、なぜかパワーは十分には発揮されません。あくまで他人のために発揮しようと思うときに発揮されるのです。

人は、自分自身で自覚しているパワーをもってしてもものごとを解決できそうもないとき、他の人のパワーを借ります。その一方で、誰かが達成できないゴールに悩んでいるときに、自分のパワーを貸します。

自分と他人が一体になったとき、そのパワーは足し算ではなく掛け算となるのです。

このように、**自分と他人という壁が崩れ去ったとき、理想像の次元が高くなりマイシンボルは強力なものになるのです。**

より高いセルフイメージ・理想の行動に導く質問

具体的には、心を鎮め、これらの質問をしてください。

QUESTION
・私はどのようなことをすれば社会の役に立てるだろうか？
・私は周りの人のために何ができるだろうか？

例えば、あなたが「ダビデ」というマイシンボルを持ったとしましょう。ダビデのマイシンボルを持ったあなたが「私にできることは何か？」と考えるのです。きっと、あなたはダビデのように強く、たくましく自分の人生を切り拓いていくに違いありません。

そのとき周りには、あなたの力強さを頼もしく思いながらも、ついて行くべきかどうか悩んでいる人がいるはずです。

とすると……、ダビデをマイシンボルとしたあなたの役目は、悩んでいる人に「一緒に行きましょう！」と高らかに声をかけてあげることなのです。

一方、「マリア」をマイシンボルとした女性がいたとします。

彼女はこれから先の壮大な旅を、慈悲深い心で包み込むように心がけて航海していくはずです。

マリアというマイシンボルを持った女性は、そのシンボルに合わせたかのように、苦しい立場に立った人たちの姿が目に入ってくるはずです。震災で両親を亡くした子ども、一人さびしく最期を待つだけの老人、友に裏切られて行くあてもなく酒場で呑みつぶれる若者……そうした苦しみ、悩む人たちの心の内も見えてくるようになるのです。

そのとき、その人の役割は、きっと「ダビデ」のように、その苦しみ・悩みから立ち直らせようと彼らを鼓舞するのではなく、ただやさしく彼らを包み込み、彼ら自身がみずから旅立つのを待ち続けることなはずです。

人とのかかわり方が変わることに意義を見出す

このように、人は選んだマイシンボルによって、周りの人々にどのようにかかわるかがおのずと変わってきます。

ですが、変わってくることを大事にして、運命に身を委ね、誰かの役に立つことを信じていけばよいのです。

何をマイシンボルに選んだかによって、「誰の役に立つ」のかはおのずと明確になってきます。そのことに逆らってはいけません。

逆らうことによって、場合によってはあなたらしさが失われ、その結果、相手のことを裏切ってしまうことにもなりかねないのです。

このことを理解することが、どのような行動についても「やるべき理由」を明確にするということにつながるのです。

本当に相手があなたに求めているものは何だろう

そっとしておいてほしい相手に対して

あなたがみずから選び出したマイシンボル。あなたは、そのマイシンボルを通してストーリーを描いていくことの大切さも学びました。

そして、このことにより、やるべきことの理由を明確にしていくことにも気づいたはずです。

その理由は必ずしも自分の中にあるとは言えず、他の人の中に潜んでいるケースもよくあります。すなわち、**自分のためにではなく、「誰かの役に立つ」ということが、描かれたストーリーを歩む自分にとって大きな理由、きっかけになるのです。**

そこで、一つの大きな課題が生まれます。

「誰かの役に立つ」ということを思っているのは誰か？　ということです。

その答えは、まさしく「あなた」です。誰か、つまり相手ではありません。

すると、あなたは誰かの役に立つと思っていても、その人の側から見れば「自分を支援・援助することになっていない」ということになる、すなわち役には立っていないかもしれないということがあるのです。

そんなとき、あなた自身の胸に手を当てて、考えてみてください。

「相手があなたに求めているものは、本当は何だろう」と。

手伝ってほしいのか、応援してほしいのか、教えてほしいのか、引っ張ってもらいたいのか……。場合によっては、ただそっと見守ってほしいのかもしれません。

すると、当然のことですが、あなたにできないことも出てきます。**マリアをマイシンボルとするあなたに対して、相手が「悪をコテンパンに懲らしめてほしい」と願ったとしても、それは単純にはできないはずです。**

きっとあなたは、悪をコテンパンに懲らしめようとしてできなかった相手を、慈悲深く見守ることしかできないはずなのです。

思い続け、ふさわしい人を探す

本当に相手が求めているものは何か、その求めているものを実現できないとき、あなたはどのようにしたらよいか。

このことで、きっとあなたは悩みます。人生の壮大な旅の中で、「結局は誰の役にも立てないのではないか」と思い悩んでしまうかもしれません。

そんなとき、あなたは何を考え、行えばよいのか。次の二つのことを忘れないでください。

一つ目は、

「それでも、あきらめず、『相手は何を求めているのか』を考え続けること」

です。人は誰も他人の人生を歩むことはできず、自分の人生の旅を続けることしかできません。

ですから、本当に誰かの役に立つというのは、直接的に役に立つようなことをしてあげるだけではなく、「何を求めているのか」を考え続ける、そのような視線で相手を見続けることなのかもしれないのです。

相手にとっては「自分は何を求めているのか」を考え続けている人が、自分のほかにもいる。このことが、その人にとって一番の支えになることもあるのです。

二つ目は、

「『相手が求めていること』の実現に手を差し伸べてくれる、もっとふさわしい人が別にいることを教えてあげること」

です。人は万能ではなく、また、マイシンボルを持った人も万能ではありません。お手本となるシンボルを持つことによって、自分自身が強い意志をもって壮大な旅を続けることができる。たった、それだけのことなのです。

でも、このことがわかれば、きっと「別の人にはその人にふさわしいマイシンボルがいて、そのシンボルに導かれることが近道であり、人生が楽しい航海になる」ということもわかってくるようになるでしょう。

すべてのことをあなたが解決できるわけではありません。このことに気づけば、

「相手が求めていること」に悩む人にも、適切なアドバイスをしてあげられるのです。

時代はそのシンボルに何を求めている？

シンボルそのものに対して関心を強めてみる

ここまでご紹介してきたように、シンボルにはさまざまな姿・形があります。

ここまでギリシャ神話の中の人物、歴史上の偉人などを例として示してきましたが、企業のロゴマークやパワースポット特有のお守り写真、家紋や個紋、今ならソーシャルメディアで使っている本名とは異なるソーシャルネームもシンボルと言えるのかもしれません。

自分が目標とすべきお手本を示すもので、そのシンボルを意識したとき自分自身に強い意志が芽生えてくるものは、すべてがシンボルと言ってもよいのです。

ただ、その意識を自分だけが持ち、他を受け入れないとなると、そのシン

ボルを持つ意味も急速に薄れてしまいます。シンボルは排他性を求めてはいないからです。

だからこそ、「時代はそのシンボルに何を求めているか」ということも重要になるのです。

例えば、不安定で足もとの動向すらおぼつかないような経済環境の中では、ライオンやダビデ、西郷隆盛をマイシンボルとしたような人が、大きな期待を寄せられているのかもしれません。

破壊が続く荒野を突き進むことが避けられない時代ならば、逆に豊かな森をシンボルとした人に期待が集まっているのかもしれません。

そうした機運を感じたとき、少しだけ気持ちを冷静にして「そのシンボルを持った自分」ではなく「シンボルそのもの」に対して関心を強めてみるのです。

すると、時代がそのシンボルに何を求めているのかが、おぼろげながら見えてきます。そのおぼろげながら見えてきたシンボルへの期待が、すなわち、それをマイシンボルとしたあなた自身への時代の期待なのです。

時代があなたに期待するものを知る

人はとてもちっぽけなものですから、「時代はあなたに何を期待しているか」と問われて答えられるものではありません。その問いに即答できるのは、よほど自信過剰な人かもしれません。

多くの人は、「自分が自分のことを気にするほど、周りの人はあなたのことを気にしていない」ということをよく知っているはずです。

ところが、その「自分」をシンボルに置き換えてみると、客観性が高まり、何かを期待されていることがわかるのです。

まず、**自分が自分に期待するものより、自分がマイシンボルに期待していることは何か、と自問自答したほうが、より客観的な答えが得られます。周りの人に対しても、「私に何を期待しますか?」と聞くよりも、「ライオンやダビデ、マリアや豊かな緑に何を期待しますか」と聞くほうが、より客観的、普遍的な答えが返ってくるのです。**

その答えが、すなわちあなた自身の航路であり、あなた自身が期待されていることになります。進むべき道となるのです。

あなたはシンボルを承継した勇者

運命を信じて突き進もう

時代がマイシンボルに何を期待しているかがわかったら、きっとあなたの先には大きな道、明確な航路が見えています。

「自分自身が何をしたらよいか」

というストーリーを描き終え、他者に対する自分の存在理由、また、マイシンボルの存在理由も明確にできたのですから、もう悩む必要はありません。

ただ、信じて突き進めばよいのです。

もし迷ったら運命を信じる。その運命は、あなたの思いの中だけにあるのではなく、マイシンボルの教えでもあり、それは周りの人たちの期待に沿ったことでもあるのです。

あなたにとっての運命は、決して独りよがりなものでもなく、あなたを離れてあなたに対して無関心なものでもありません。あなたと周りの人とがしっかりと認めたものなのですから。

運命を信じて突き進むあなたの姿は、周りの人からすると、きっと勇者のごとく映るでしょう。自他ともに認めたマイシンボルを疑わず、シンボルを継承した勇者なのですから。

それは、シンボルそのものがダビデであるとか、太陽であるとか、炎であるなど、勇者をイメージされるものだからというわけではありません。マリアや、ビーナス、ハートなど、勇者をイメージさせるものでなくとも、「勇者」であり、あなたはその意志の強さを継承した存在なのです。

壮大な旅にあって、あなたが迷い苦しんだとき、信じる運命は、まさにマイシンボルの運命そのもの。

あなたは一人の勇者として、その運命に飛び込めばよいのです。

実践！　マイシンボルをつくってみよう！

マイシンボルテンプレート

ここからは、いよいよマイシンボルづくりの実践に入ります。

ここまでも何度か述べてきたように、シンボルはどんなものでも構いません。

「これはダメ！」などというものはありませんので、自分で自由に創造力を発揮させながら作成されてみてください。


しかし、「どうぞご自由に」と言われても、戸惑ってしまう方もいるかと思いますので、ここで、マイシンボル作成のためのテンプレートをご用意いたしました。

サンプルとして、「例1・鳳凰」と「例2・葛飾北斎」をご用意いたしましたので、ここまで述べてきたマイシンボルについての話も合わせて参考にしていただきながら、次ページ以降のマイシンボルテンプレートを埋めつつ、ご自分のマイシンボルを作成してみてください。

内容が固まったら、本書の先頭部分にある口絵をベースにしていただき、ご自分だけのマイシンボルを作成し、切り離してお使いいただければと思います。

ノートの裏や手帳等、見やすい場所に貼ってみるのもよいでしょう。

《例１》

Symbol templete

私は自然や動植物の＿＿鳳凰＿＿
が好きです。
それが持っている性質・能力の
＿＿和合　正義　平和＿＿
に惹かれ、人生でその面を強めたいと
思います。

その性質や能力を活かし、
人々の役に立つための行動とは？

正義の心を持って人に接し、
トラブルを解決し、世の中が
明るく平和になることに
貢献する。

私は鳳凰です

私は、正義の心を持って人に接し、トラブルを解決し、世の中が明るく平和になることに貢献します。

《例２》

Symbol templete

私は　葛飾北斎　というヒーロー・人物に惹かれます。
なぜなら私は、その人物のような　世界的日本画家　になりたいからです。

その資質、才能を活かし、
人々の役に立つための行動とは？

世界に通用する、新しい時代（21世紀）に即した絵を描く。その絵は、見てくれた人を癒しつつ、日々の活力を与えるもの

私は葛飾北斎です。

私は、世界に通用する、新しい時代
(２１世紀)に即した絵を描きます。
その絵は、見てくれた人を癒しつつ、
日々の活力を与えるものです。

Symbol templete

私は自然や動植物の＿＿＿＿＿＿＿＿
が好きです。
それが持っている性質・能力の

＿＿＿＿＿＿＿＿＿＿＿＿

に惹かれ、人生でその面を強めたいと
思います。

その性質や能力を活かし、
人々の役に立つための行動とは？

※写真、絵などを

ここに貼ってください

Symbol templete

私は＿＿＿＿＿＿＿＿というヒーロー・
人物に惹かれます。
なぜなら私は、その人物のような
＿＿＿＿＿＿＿＿＿＿になりたいから
です。

その資質、才能を活かし、
人々の役に立つための行動とは？

※写真、絵などを

ここに貼ってください

応用――シンボルをいくつか組み合わせる

シンボルは、いくつか組み合わせることも可能です。
例えば、「鳥、翼、パンサー」でシンボルをつくるとします。
私がつくったのは、次のようなシンボルです。

鳥は、神のお告げ、地上と天国をつなぐ媒介者のシンボルです。
翼は、自由のシンボルです。
パンサーは、美、力、勇敢さのシンボルです。

これを自分なりにモチーフとして置いてみたのが次の図に示したものです。
そして次のストーリーのように、あなたの「行動」を考えます。

「私は自由の翼を持った鳥、そしてパンサーです。

美しさと力、自由を手にしています。自由に羽ばたき、その力強さを多くの人に届けようとしています。

そんな私の人生は、活発でイキイキとして、優雅です。高いところにも飛べるので、全体を見渡すこともできます」

先にご紹介したマイシンボルのテンプレートにおいては、わかりやすいように、マイシンボルのイラストの下に文章を入れ込んでありましたが、もちろん、必ずそうしなければいけないということはありません。片面をイラストのみにして、文章は裏面に入れるということでもよいのです。

次は、「木と鍵と王冠」をモチーフとしてみましょう。

シンボルとしては、次ページの図のようなものをつくってみます。

木は、繁栄、落ち着き、安らぎのシンボルです。

王冠は、高み、権威、権力、完全性のシンボルです。

鍵は、開くこと、閉じること、自由自在のシンボルです。

そして、「木と鍵と王冠」をシンボルとして持つあなたの行動を考えてみましょう。

「私は木です。落ち着きと安らぎのシンボルです。豊かに実をつけて、人に与えます。葉や幹や実には色々な成分があります。それを惜しみなく使い、何かをつくることができます。静かに根を下ろすことで、可能性と繁栄への鍵と達成の王冠の実を約束します。したがって、私の人生は、ますます愛に満ちた豊かなものになります」

あなた自身のシンボルを選んで、あなたなりのストーリーをつくり、それを信じてみると、それがあなたを、あなたらしい幸福な成功に導いてくれます。

ここでは、わかりやすく仮のイラストサンプルを用いて紹介しましたが、ここまで何度も述べているように、これらは、どんなものでも構いません。あなたが愛着さえ持てれば、自分の手書きなどでもまったく効果は変わりません。

8

〈事例〉

平凡を抜け出し、非凡な生き方をする

人は、「非凡に生まれて平凡になる学習をしている」と言われることがありますが、それは本当です。どんな人も生まれてきたのは奇跡です。「あなた」は一人ひとりが奇跡の存在なのです。

しかし、社会の中で、家庭の中で、ある意味、平凡になるための学習をしている、平凡になるため生活しているような面が多いかもしれません。

しかし、少しでも平凡な生き方を抜け出して、一人ひとりが非凡に生まれた自分を取り戻したいと感じたら、マイシンボルに、さらにマイシンボルを通した内なる自分に連絡をとるのです。

その願望を実現するために、「自分自身のイメージ＝セルフイメージ」を高く持ちましょう。非凡な人の美、力、意思、優しさ、自信、勇気といったものを想像し、セルフイメージを高く持てば、困難なことやネガティブなものに縛られているのではなく、それをチャンスに変える力にすることができるのです。

このことを見過ごしてしまうと、必ず生きていく中で損をします。あなたが損をしてしまうだけでなく、あなたの周りの社会、世界も損をしてしまうのです。

さあ、平凡になる学習なんかしていないで、生まれたままの非凡な生き方をしてみましょう。そのために必要なのは、シンボルを持ったあなたが非凡なストーリーを描くことなのです。

平凡な暮らしを抜け出し非凡な生活に移ったヒロインはたくさんいます。その典型の一つは、シンデレラではないでしょうか。シンデレラは、幸運がテーマの物語です。

弊社のジュエリーにも、「シンデレラの心」というものがあります。幸運を、少し、新しい観点で捉え直してつくりました。

どういうことかというと、新しいシンデレラ像をつくりたかったのです。

今、時代は、「幸運を待つ」シンデレラではなく、「幸運をつくり出す」シンデレラのほうがピッタリなのかもしれません。シンデレラに学ぶ、「理想の王子さまに出会える方法、運命の人と結婚するプロジェクト」といったものが、ちまたで花盛りです。

シンデレラは絵本、映画から抜け出し、現実社会、例えば、婚活のシンボルガールなのかもしれません。それも素敵なことですが、皆さん、シンデレラの、あの物語のあとのストーリーをご存じですか？

シンデレラが素晴らしいのは、ラッキーに王子さまと出会い、結婚できたことではありません。その後、あんなに意地悪な継母とお姉さんたちを許し、お姉さんたちには素敵な人を紹介して、一緒に仲よく暮らしていったところです。

ラッキーなだけでなく、前向きなシンデレラの姿にこそ、共感してほしい。シンボル・ジュエリー「シンデレラの心」には、そのようなメッセージを込めています。

そして、次ページの写真のようなものができ上がりました。

心

心の文字を、シンデレラのハイヒールにも見えるようにデザインしています。この心の字を書いてくださったのは書道家の吉田真紀さんです。彼女の書はやさしく気品に満ちています。

シンボル・アート・ジュエリーのデザイナーである小出道夫との雑談の中で、書とジュエリーのコラボが誕生したのです。フランス、パリのギャラリーでのシンボル・アート・ジュエリーの展示会があり、何か日本のアイデンティティーを出せる作品をつくりたいという思いから、書道ジュエリー、浮世絵ジュエリーが誕生したのです。

アイデンティティーを明確にするのがシンボルの大きな役割・意味だとフランスに行って確信しました。

9 喜納弘子さん（エイムアテイン代表理事）

「シンデレラの心」のシンボル・ジュエリーを愛用していただいている方に喜納弘子さんがいます。エイムアテインという一般社団法人の代表理事をやっている女性です。

その社団法人では、心理学、コミュニケーション、ビジネスなど、さまざまなセミナーや講座などを開催しています。

まさに、その姿は夢を実現するサポート役です。現代の自立的シンデレラを育成したいという女性経営者そのものなのです。

シンデレラの物語には「心の大きさが優雅な栄光を引き寄せる」というメッセージが込められています。そして、そのメッセージは前述したように、物語の後半、継母と意地悪なお姉さんたちを許し、仲良く暮らすという部分に現れています。

それは、ＬＵＣＫからＧＲＡＣＥへ、という心の転換とも言えるのではないでしょうか。

喜納さんも、その言葉・メッセージ通り、人の心を動かし、出会う人同士、お互いが幸せになっているように思います。

10 長谷川裕一さん（お仏壇のはせがわ会長）

長谷川会長は、「おててのしわとしわをあわせて、しあわせ」で知られる「しあわせ少女」のコマーシャルで有名な「お仏壇のはせがわ」の会長です。

私が「合掌のスーパーリーダー」と尊敬している方です。

この「おててのしわとしわをあわせて、しあわせ」のフレーズは、素朴なやさしい宗教心、日本人の場合は、特に森羅万象や自然、人間の力を超えた大いなるものに対して畏敬して感謝する心を表していると思います。

私の父母もいつも手を合わせていました。お仏壇の前で手を合わせて、道を歩いていて何かを見たら、また手を合わせて、人と会ったら手を合わせていました。日本人の本質的なマインドが「合掌」なのでしょうね。

長谷川会長がリーダーをされている海外視察団に参加させていただいたとき、早朝に、太陽が昇るのを私たち団員はうっとり見ていました。

すると、会長は自然に合掌し、お経を唱えてくださいました。

また、私たち誰にでも、明るい言葉、明るい表情でわかりやすくお話をしてくださいます。日本のこと、人生のことなどです。

その中で、特に心に響いた言葉があります。

「強い力が必要なときは、不要なものは捨てなさい。あれも、これもはやめて、覚悟して選択しなさいね。『何のために』を、明確にすれば、安心して選択、行動できるでしょ。それが、強さ、スピード、集中を生むのだからね。言い訳もカッコつけもいらないからね。選択すれば、どんな状況も受け入れられるし、乗り越えられるし、マイナスはまったくないからね。死なない価値、変わらない価値を求めなさい」

というものです。

長谷川会長は、今という時代、ある意味、一見、柔らかな風潮が好まれる草食時代に、「強きことをよしとする」強さの魅力を体現された方だと思います。

その強さはやさしさと志に裏づけされた無我と自信なのかもしれません。

11

苫米地英人さん（脳機能学者）

脳機能科学者であり、脱洗脳の専門家としてメディアで一躍、話題になった苫米地英人さん。

それ以外でも、多方面で様々な肩書を持ち、固定観念や偏見に縛られることなく、自由に活動されている方です。

私も彼の著書を読み、私とは手法や技法は違うけれど、同じ「世界平和」をミッションに掲げる姿に共感しています。

たまたま、日頃から仲良くしている友人を通じて、シンボル・アート・ジュエリーをセレクトさせていただくことになりました。

ギリギリまで本当に色々と考えましたが、「ダビデ像のリング」と「ライオンのペンダントトップ」を選びました。

当日は、苫米地さん率いるロックバンドのライブの日。

またまた多才な一面を見せてくれるギタリスト苫米地さんは、すぐさま、ライブでもシンボルを身につけて演奏してくれたのです。

そしてその後も、雑誌上で「ダビデ・リング」をつけてポーズをとっていらっしゃる苫米地さんのお写真を見つけて、「気に入ってくださったんだ」とうれしく思いました。天才はとてもやさしい方でした。

さて、私がなぜ苫米地さんに「ライオンのシンボル・ジュエリー」を贈ったかと言いますと、そのとき私の脳裏に、王者・リーダーとしてのライオンのイメージがパッと閃いたからです。

当時を思い出し、再度イメージをしてみると、ジョセフ・キャンベルの「ヒーローズ・ジャーニー」と重なってくるから、何とも驚きです。

ヒーローは、日常の世界から、超自然パワーの渦巻く世界に旅立っていき、その中で庇護者やガイド、メンターに出会います。

脳と心の使い方は、そのガイドの一つかもしれません。「人生を思い通りにできるヒーローのなり方を伝授するリーダー学者」そして「脳と心の錬金術師」としての存在を彼には感じます。

そういえば、シンガポールのシンボルはマーライオン。つまり海・水のライオンでしたね。

地上と天空を自由に飛ぶ、翼を持った「空《くう》のライオン」のごとく、これからも益々のご活躍をお祈りしたいと思います。

12

大仁田厚さん（タレント・元プロレスラー）

「オレ、マリアがいいな」と、意表をつく返答をしていただいたのは、元プロレスラー、政治家、タレントの大仁田厚さんです。

大仁田さんのシンボル・ジュエリーは何が良いかと考え、私は「不屈のライオン」を準備していました。ところが、彼からは「マリアがいい」と返答がきたのです。

実際に、マリアのシンボル・ジュエリーを身につけてもらったところ、とてもお似合いでした。

このように、傍目には正反対に見えるシンボルが意外にしっくりくるケースがよくあります。気の弱い女性に「強くなってもらいたい」とライオンのシンボル・ジュエリーをつくるケースがその代表例です。

大仁田さんのマリアは、「絆を大事にしたい」という意向を受けて、ペアで持てるようなデザインを考案しました。

私たちが外から見るイメージと、本人が抱いている願望は異なるケースがよくあります。そのような場合、本人が抱いている願望に寄り添うほうが、願望の実現性も高くなるでしょう。

第4章

「マイシンボル」を手に入れた後の世界を楽しむ

How to achieve the life you wanted

あなたの理想の神話をドラマティックに表現してみる

「やらない」という選択肢はなく「どうやるか」が焦点に

さて、マイシンボルを手に入れたあなた！　せっかくですから人生を楽しくドラマティックに表現してみませんか。これからの人生に、自由に思いを馳せて楽しみましょう。

現実に直面していない先々のことなら「もし、私がこうなったら、マイシンボルのイメージを意識してこのような生き方を選ぶぞ！」と、まだ見ぬ人生の選択をシミュレーションしてみてもよいでしょう。

実はマイシンボルをイメージした選択では、「やらない」という選択肢が少なくなってきます。

なぜなら、選択の仕方が、「マリアなら、やらない」「ダビデなら、何もしない」ということではなく、「マリアなら、どのようにしただろうか」「ダビデなら、どのようなことを選んだだろうか」と、**「やらない・しない＝無」というより、「どの『有』をとるか」**という選択になってくるからです。

そうなると、おのずから人生において何もしないという選択肢をとるということは少なくなり、どれをやるかを選ぶということになってきます。つまり、自然とドラマティックになってくるのです。

次に、大きなプレッシャーのかかる、ある仕事をしたときの私の経験をお話ししてみます。

私は以前、ダライ・ラマ法王猊下が九州にいらっしゃったときのチベット音楽のプロデュース・コーディネートをさせていただきました。

当時、福岡でデザイナーの傍ら、地域イベントのプロデューサーやコーディネーターも行っていたのがご縁でした。

絶対に頑張って、アメリカから来ているチベット音楽のアーティストの方々や、法王サイドの方々、初めてチベット音楽に接する方々に喜んでいただきたいと思いましたが、その反面、あまりの責任の大きさに、プレッシャーに押し潰されそうになってしまいました。

私はこのとき、私のマイシンボルの一つである、空海さんの次の言葉を念頭に置き、セルフイメージを高めることにしました。

「鳳鵬に附きて天涯に到る」（鳳凰《ほうおう》や大鵬《たいほう》のように大きな鳥についていけば〈小さな鳥も〉天涯〈空の果て〉に到ることができる）

小さな翼＝飛べない私・進んで何かをしたくないという怠け心を持った私が、いつしか鷹となり、コンドルとなり、鳳鵬へと進化・変容し、自分のパターンを打ち破っていくことができるのだと、必死にセルフイメージを高める努力をしたのです。

すると、

「やれることは、なんでもしよう。小さなチームではあるが、力を合わせよう」

ということが自分の中で腑に落ち、とても前向きな気持ちになることができたのです。

さらに、お仏壇のはせがわの長谷川会長からの、「小出さん、頑張ってね！　大丈夫だよ」という励ましや、多くの仏教関係者や教育関係者、平和を願うリーダーの方々からのたくさんの後押しをいただくことができ、気負わずに行動へと移すことができました。

起こることを楽しもう！

例えば、マリアをマイシンボルに選んだあなた！　そのイメージを意識して、先の人生の色々な局面をシミュレーションし、どのような対応が求められるかを今のうちに考えておいてみてください。

仕事で成功・失敗することも、夫に愛され、また裏切られることも、子どもの成長に一喜一憂することも、親の介護に疲れることも、さらに親より先に来世に旅立つことも……ないとは言えません。

すべてのことが「起こり得る」のが人生なのです。

そのとき、マリアなら、マリアをマイシンボルとして身につけたあなたは、どう対応するだろうか、どういう言葉を周囲と自分にかけるだろうか、と空想し、また自問自答しながら、起こり得ることを甘受して、人生の港から漕ぎ出すのです。

そうすれば、あなたはきっとマリア的な生き方を選び、「心のやさしい人だった」と周囲に慕われた一生を送ることができるでしょう。

このことはダビデをシンボルに選んだ人も同じです。武田信玄を選んだ人も、コンドルを選んだ人も蛇を選んだ人も同じなのです。ただ、その選んだシンボルによって、人生の選択肢の答えが少しずつ違ってきます。

その答えは、これだけが正しいというものはなく、これだけが間違っているというものもありません。ただ、それぞれに異なる、というだけなのです。

そう考えれば、より一人ひとりの人生が価値のあるドラマティックなものになっていきます。

あなたのプロフィールは経歴ではなく物語

あなたはすでにドラマを描いている

ある会社の採用担当者が中途採用面接について、こんなことを語っていました。

「最近はおもしろい職歴というか、職歴をおもしろく語ることができる人が少なくなりました。実際には会社をリストラされたのかもしれないので、何とも言えませんが、おもしろく語れる人には、こちらも身を乗り出しますね」

これは、新卒でも同じなのかもしれません。新卒の場合、職歴はバイト経験くらいでしょうから、自分の学歴を「おもしろく語る」ということができなくなってきたということです。

私は会社人事についてはまったくの専門外なので、このことの真偽はわかりませんが、そう言われると「そうかもしれない」と思えてきます。

彼らが言う学歴・職歴とは何か、また、「おもしろく」とはどういうことなのか。ちょっと考えてみましょう。

学歴や職歴は、いわば「経歴」のことです。その人の「プロフィール」ということでしょう。何年に生まれて、何年に××高校、××大学に入学し、また、卒業して、職歴となれば、これに△△工業総務部勤務とか△△商事営業部勤務といったことが加わる……そういうものです。

そして「おもしろく」というのは、それを落語や漫才のように語ることではなく、「相手が興味を持てるように、その学歴なら学歴、職歴なら職歴の中身を説明する」ということでしょう。

このことは何を意味するのでしょうか。ひょっとしたら、学歴や職歴が本人にとっておもしろみのないものだったのかもしれません。また、相手が興味を持つように話すことができなくなっているのかもしれません。

確かに、景気が厳しく、〝あと〟がないと考える応募者ほど、採用面接で冒険はしなくなるもの。自分がたどってきた人生についても余計なことは語らず、無難に伝えようと考えるのもムリはありません。

しかし、ちょっと考え方を変えてみてください。どのような伝え方をしても、それがあなたの人生なのです。つまらなさそうに伝えればつまらなく伝わり、興味が湧くように伝えれば相手は興味を示してくれるのです。

学歴や職歴、それは経歴の羅列です。「××年、△△商事勤務」という、いわば自分のほんの数十年の「年表」にすぎません。しかし、歴史の年表には年表に隠されたドラマがたくさんあります。その歴史年表と同じように、あなたの経歴にもあなたなりのドラマがあるはずです。

例えば、経歴書に「△△商事勤務。経理課課長となる」という文字があったとしましょう。経理課の課長は、あなたの肩書です。その肩書は会社がつけたもので、あなたがつけたものではありません。

でも、その他人がつけた肩書にもたくさんのドラマがあったはずです。喜んでくれた家族がいるでしょうし、期せずして蹴落とした同僚がいたかもしれません。そのように、どんな肩書、経歴にもドラマがあるのです。

「内面の肩書」を意識する

マイシンボルを見つけ、その生き方をお手本として人生の航海に旅立つとき、そこから先の人生をドラマティックに表現するとともに、これまでの人生もドラマティックに表現してみましょう。

そのとき、肩書や職歴、学歴といった経歴は、文字の羅列ではなく、その経歴に内在したストーリーとして捉えることができるはず。どんな人のどんな小さな、短い期間の経歴にもドラマティックなストーリーがあるのです。

そのストーリーを一度、頭の中で描いてみませんか？　そうすれば、「あのときマイシンボルを身につけていたら、どんな選択をしていただろうか」と過去を振り返ることができます。

振り返ってみて、「違う選択もあったのではないか」と思うことができれば、過去は変えられなくとも、あなたはこの先、より豊かな人生を選んでいくことができるでしょう。

私はこのようなことをお話しするとき、「内面の肩書」という言葉をよく使います。肩書は一般に他人や社会に承認されたものですが、**内面の肩書は「私はこういう存在である」と、自分で決めたものです。内面の肩書から描き出された先にある象徴がマイシンボルということもできるでしょう。**

外から付与された肩書を通して自分を見ても、本当の自分はなかなか見えません。本当の自分を見るには、自分自身が内省して求めた、また、決めた内面の肩書を直視する必要があるのです。

このことによって自分自身の可能性を探求しないことは、自分のこれから先の人生にとって大きな損失ともなります。

あなたのこれまでの一生を、いわゆる外面の肩書を羅列するだけでなく、ぜひとも「内面の肩書」を探って語ってみてください。それが揺るぎないものであればあるほど、ストーリー性は増してきます。

あなたが立ち向かっている壮大な旅を見つける

航海に応じてシンボルを替えてもよい

あなたの「プロフィール」として、あなたのこれまでの人生を職歴や肩書だけでなくストーリーをもって振り返り、内面の肩書を見出していくことの大切さを伝えました。

では、次はこれから先の航海です。

あなたは、どんな海に船を漕ぎ出しますか？

人生が一人ひとり違うように、海も一つひとつ違います。大洋もあれば、海峡もあります。大陸棚が広がる海もあれば、海淵《かいえん》が横たわる海もあるのです。

もし、万人が同じ海に漕ぎ出すとしても、その航路は一人ひとり違います。それは人生の目的地が人によって違うからでもあり、航路をどのように選ぶかも人によって違うからです。

まず、あなた自身が、

「これから航海に出る」

ということを自覚してみましょう。その自覚もなく、いきなり海に放り出されたら、どんな人だって難破してしまいます。

そして、

「これから出港する航海は、壮大な旅である」

ことも自覚してみましょう。どんなに「楽をしたい」と願っても、何かしらの困難は待ち構えています。その航海は、誰にとっても決してちっぽけな旅ではないのです。

この二つの自覚ができたら、いよいよ船出です。

「羅針盤＝コンパス＝マイシンボル」はしっかりと手に入れましたね。あなたが人生の目的地と思っている港は、もしかすると、ただの寄港地の一つなのかもしれません。

やっとの思いでたどり着いた港が寄港地で、本当の目的の港は、そのすぐ先かもしれません。「あとは内湾を、ただ、ひたすら風まかせ」ということがわかったら、新たなマイシンボルを手に入れてもよいのです。

目的地にたどり着いても、すぐ新たな航海に出る人もいるでしょう。そうして人生の船旅に慣れれば、**「今週はこのマイシンボルで行こう」「今日だけは、あのマイシンボルに頼ってみよう！」**という感覚でも構いません。

これまでも、これからも豊かなストーリーに満ちあふれた旅

いずれにせよ、「あなたの目の前には、いつ終わるかも、わからないような壮大な旅が待っている」ということを理解しておきましょう。そうした旅を見つけられることだけで、あなたの前途は祝福するに値します。

そして、その壮大な旅の中では、多くの良いこと、良くないことが待ち構えています。そのとき、マイシンボルというコンパスに照らして自分の進むべき航路を選

んでいくのです。

その航路のあとも先も、豊かなストーリーに満ちあふれています。壮大な旅の壮大なストーリーを、あなた自身が描いていくことになるのです。

ちょっとワクワクしてきませんか？

船出が楽しみになってきませんか？

マイシンボルを身につけた壮大な人生の船旅は、あなたに自信を与え、胸が高鳴り、心躍ることを約束してくれるのです。

13

〈事例〉

望月俊孝さん（人生の宝地図提唱者）

私が心から尊敬している望月俊孝さんは、「叶う夢だから心に宿る」宝地図の提唱者であり、レイキティーチャーでもあり、フォトリーディングのイントラクターでもあるという、大きな影響力を持ったカリスマです。また、多数の著書があり、それらは海外でも翻訳されています。

シンボルのつながりで言えば、豊かさ、幸せ、成功のシンボルたちを楽しく集めて「宝地図」をつくることで、誰でも自分の夢が簡単に実現する方法をたくさんの方々に教えてくださっています（それに望月さんといえば、笑顔です。「ふわぁっと心が温かくなる、癒されます」と、誰もが、口を揃えて言います）。

また、以前、望月さんのピアニストの奥さまにジュエリーをセレクトしたことがありました。

「小出さん、ありがとうね。千恵子も喜びますよ」

とおっしゃっていただけました。

私が思う、望月俊孝・千恵子ご夫妻のシンボルワードの一つは、「ＯＰＥＮ＝開」。人の可能性を開いていくお二人です。

それと、「虹の橋＝コミュニケーションの力」だと思います。

お二人は、つながり、絆がどんなに大切かがわかってきた社会の中で、自分と相手に虹の橋を架ける働きをしてくれるはずです。

14 ロッキー・リャンさん（講演家）

台湾出身で上海を拠点に世界的に活躍している講演家ロッキー・リャンさん。

ここ数年、彼の名前を日本でも聞くことが多くなりました。

また、複数の会社を経営する実業家としても有名になりつつあります。

彼は、幼少期は牧師の父親、小学校教師の母親のもと、つましく厳格な家庭で育ったそうです。

元来、一人で思索するのが好きだったことや、完璧さを求める父親との関係があまりよくなかったことから、高校生になるとうつ病に悩まされてしまったそうです。

私が初めて彼にお会いしたのは、上海で開催されたセミナーのときでした。そこには、日中経営者交流プラットフォームを運営されているソフィさんや斎藤貴彦さん、豊福公平さんとのご縁があって参加させていただきました。

セミナーには、企業のトップ、富裕層などが集まっていたのですが、情熱あふれる彼のスピーチに会場の熱気の高まりはすごいものがありました。

その後、ロッキー氏と少しお話しする機会をいただいたのですが、その見た目とちょっとド派手なパフォーマンスからは想像できないような、シャイな性格と腰の低さというものを感じました。そして、彼の心には、やさしさが渦巻いているということもわかりました。

後日、彼の上海のマンションに友人たちと集まったとき、彼は自作のピアノ曲を披露してくれました。

曲名は"Magic your Life（魔幻人生）。彼のたどってきた人生の途上での失敗と悲しみ、背負ってきた苦難苦悩、また、成功と喜びが美しい旋律を奏で、それがエネルギーとなって押し寄せてきました。そのとき、彼に贈るシンボルメッセージが閃きました。

シンボルワードは「慈悲」です。「慈悲のマリア」のシンボルが、スーッと思い浮かんだのです。

クリスチャンでもある彼は、『Ms GOD』のマリアの指輪を本当に本当に大事にしてくれているようで、「この指輪を見るたびに自分の使命を再確認できます」と言ってくれています。

また、「日本という国には学ぶべき所がいっぱいある。本当に尊敬すべき国だ。われわれは優れた技術や商品だけでなく、本来その精神性をもっと学ぶべきなのだ」

とも語ってくれています。

私は、こんなロッキー氏だからこそ、これからも日本の精神性としての「和の心」の理解者として、日中の架け橋としての役割を増していっていただきたいと、心から願ってやみません。

15 ジョン・C・マクスウェルさん（自己啓発作家・講演家）

リーダーシップの世界的権威と言われるジョン・C・マクスウェル氏とダビデの物語をご紹介します。

ジョン・C・マクスウェル氏は、米国で最も信頼されている「リーダーシップ論」の権威として、毎年2万5000人以上のビジネスマンを指導。「リーダーの中のリーダー」「世界一のメンター」と称えられています。

その卓越したリーダーシップ、エンパワーメントスキルを買われ、アメリカ元大統領であるジョージ・ブッシュ氏が選挙の際に招聘《しょうへい》したことは有名な話です。


さて、ジョン・C・マクスウェル氏とダビデの物語にはこんな素敵なエピソードがあります。

旧約聖書に登場するダビデの物語は、羊飼いの少年ダビデが、幾多の苦難を乗り越えながら、不屈の英雄・リーダーとなっていく物語です。弱さ、強さ、嫉妬、愛、自由のために戦うダビデのエピソードは私たちに今も勇気を与えてくれます。

その中でも、多くの人を魅了するのが、ミケランジェロのダビデ像に見られる、巨人のゴリアテを倒す場面ではないでしょうか。

斎藤貴彦さん、豊福公平さんらのご縁で、ジョン・C・マクスウェル氏にお会いしたとき、弊社が、真のリーダーのシンボルとして、ダビデのリングを制作しているという話をさせていただきました。

すると、ジョン・C・マクスウェル氏の、あのやさしく人を包み込むような笑顔がグーンと膨らんで、最高に魅力的な笑みが現れました。

私を、そっとハグしながら、

「私のメンターは、ダビデなのですよ！　嬉しいです！　素晴らしいです！」

とおしゃってくださいました。

世界一のリーダーシップのメンターから、メンターだと言われるダビデ王。

そして、最高の芸術家であるミケランジェロ。どちらも、不屈の精神の持ち主です。

ダビデが巨人ゴリアテを倒す物語には、また、別の解釈があります。

敵は外と内にいます。ゴリアテは自分でもあります。自分自身の中に「巨人ゴリアテ」というものが存在しているということです。

危機が来たとき、危機が私たちを狂わせるのが問題なのではなく、危機によって私たちの内側が脆くなることこそが問題なのです。

自分自身の中の「巨人ゴリアテ」から目を背けずに、自分の才能、持てる力（ダビデの場合は、羊飼いの杖と石つぶて）を信頼して立ち向かっていかなければならない、という意味もあるということです。

「巨人ゴリアテ」に向かう少年ダビデの像に、不屈の精神を持つリーダーを見るのは、世界一のリーダーシップのメンター、ジョン・C・マクスウェル氏だけではないはずです。

16 クリス岡崎さん（サクセスコーチ・『億万長者専門学校』著者）

クリス岡崎さんは、世界NO．1コーチであるアンソニー・ロビンズさんと親しく、最も信頼される日本の自己啓発界の第一人者であり、NO．1サクセスコーチです。

テレビ、ラジオ、雑誌などによく登場し、『一瞬で夢がかなう!「人生のシナリオ」を書き換える法』など、たくさんの著書も出されています。

彼はまさに、行動・実践のスーパーマスターと呼ぶにふさわしい人です。

コーチングは何のために行うのか。その大きな目的は、生活・人生を豊かなものにするためです。クリスさんは、その目的を達成するための一つとして「億万長者専門学校」というプログラムを進めています。

クリスさんと初めてお会いしたのは、おかざきななさんの『魅力の法則』の出版記念パーティーでした。クリスさんのエネルギー、パワー、エモーションに圧倒されワクワク・ドキドキの連続でした。

その後、お会いするたびに、

「直ちゃん。一緒にジュエリーをつくろうよ。億専ジュエリーなんかイイね?」

と、こちらを思いやってくれながら話を盛り上げてくださいます。

そして、いつの間にかクリスさんにインスパイアされ、モチベーションが上がっているのです。

それもそのはず。クリスさんは、

「情熱的な大人を増やしたい。可能性に生きる情熱的な大人を増やすことで、若者たちが未来に希望を持てる社会をつくる」

という信念・使命を持っていらっしゃるのです。

何かを成し遂げたいなら、ＢＩＧ ＷＨＹを持ちましょう。この「大きななぜ？」が行動の理由だからです。小さい自分のセーフ・ゾーンを抜けたくなったらクリスさんに会いに行きましょう。彼はこう言うでしょう。

「できないと思ったら、やらなければならない！」

クリスさんのシンボルは、成長、繁栄、創造、富の詰まった「宝箱」かもしれません。その上には、クリスさんの代名詞である「クリス・テンガロンハット」が乗っています。

17

岩本良子さん（1m8㎝の女性社長・『乗りこえられない壁はない（ガラスの骨）』著者）

岩本さんは、身長1m8㎝。女性社長であり、世界一幸せな身障者とも言われています。

生後8か月で先天性骨形成不全症を発症し障害を持っているのですが、その後、習得した編み物技術を活かし、第1回国際アビリンピック編み物の部で金メダルを獲得した人物です。

現在は、アイインターナショナルという会社を経営し、『乗りこえられない壁はない（ガラスの骨）』という著書も出されています。

現在、岩本さんは、阿蘇でご両親と暮らしています。

彼女は、

「私は、常に先駆者・フロンティアなのよ！　今、日本は世界に先駆けての高齢化社会。当然、介護は大切な課題。身障者の老々介護の実践者としての先駆者よ!!」

と、ユーモアたっぷりに語られています。
「身障者の私が、楽しく介護ができれば多くの人に勇気があげられるでしょ!!
だから、これから、もっと、講演会活動をいっぱいしていきたいの。応援して
ね」とも（もちろんです）。
そんな彼女のシンボル・ジュエリーは『蛇に守られている仏陀』です。
仏陀が瞑想しているとき、激しい嵐に襲われました。しかし、仏陀は逃げる
ことなく、静かに樹下《じゅか》で瞑想と祈りを続けていました。
そこに蛇（ナーダ）が現れ、その大きく長い胴体で仏陀を七重に取り巻き、
また、七つの頭で仏陀の頭上に大きな傘をつくり、仏陀を守ったのです。その
後、蛇は仏陀の力で人間になることができました。
岩本さんのシンボル・ジュエリーは、この言い伝えをもとにデザインしたも
のです。
人はときに仏陀にもなれば、蛇にもなる。守る・守られるは相対するもので
はなく、実は一つなのです。これは、まさしく岩本さんの生き方そのものです。

守り・守られて、岩本さんご自身とご家族の方々、さらには岩本さんのビジネスがある。私はそう感じています。

そして彼女は「チャレンジド」の先駆者です。

アメリカでは、チャレンジドが、ハンディキャップに代わる言葉として使われています。「障害という使命や課題に挑戦する人たち」という意味です。人が本来持っている能力を最大限発揮できるように、その可能性に絶えずチャレンジし、課題に真正面から向かい合うという姿勢が表されているいい言葉だと思います。

そして、彼女に対しては「不自由奔放のチャレンジド自由人」という呼び方もできるでしょう。

Dream、Doing、Delightful＝「夢の実現と行動、楽しさ、愉快さ」を兼ね備えた人なのです。「３Ｄの達人」という言い方もできますね。

多くの人が誰かを守り、誰かに守られています。あなたも、私も同じです。

このシンボル・ジュエリーは、そのことの大切さをあらためて教えてくれます。

おわりに——あなたが変われば世界は変わる

あなたにとっての勇者はあなたしかいない

私は、色々な方のシンボルとなるものをコンサルティングの中でうかがい、それをジュエリーやアクセサリーとして創作し、販売することを仕事としてきました。その顧客には、各章で紹介したように、広く世の中で活躍される方々がたくさんいます。

その方々に共通するのは、意志の力が強く、自分を信じていること。独りよがりでもなく、自分の弱さの裏返しでもなく、確固として自分を信じている、自分にたのむ気持ちがあることです。そして、自分の能力、信念を社会に役立てられることを誇りとして楽しまれてもいます。

「人は誰でも弱いものであるし、強いものでもある」

弱さ、闇を認めたうえに、それをも自分の強さに変える、ギフトにできるのは自分の意志と行動だということを示してくださっています。

それは……、

「自分にとっての勇者は自分しかいない」

ということなのでしょう。

他の誰でもありません。あなたの中にしか弱虫もいないし、勇者もいない。このことを理解できれば、誰でも、あなたなりの勇者を選ぶはずです。その部分をマイシンボルはお手本を示すようにして支えるだけです。

支えられるあなたが強くならなければ、マイシンボルに支えてもらう意味がありません。そのように、ものごとは自分自身とマイシンボルの間を輪廻していると考えてみましょう。その考えが違和感なく受け入れられたとき、きっとあなたは、あなたにとっての勇者になっているはずです。

あなたにしかできない「生まれてきた理由」を探す

あなたにとっての勇者はあなたしかいません。

では、真の勇者が一生かかってすべきことは何か。

それは、自分自身が生まれてきた理由を探すことです。このことは誰でも、自分自身にしかできません。

なぜ、私は生まれてきたのか。何をするために生まれてきたのか。

そのことを自問自答するとき、しっかりとマイシンボルを意識してください。

ダビデをマイシンボルとする私は、なぜ生まれてきたのか。

マリアをマイシンボルとする私は、何をするために生まれてきたのか。

そのようにマイシンボルを意識することで、あなたの生まれてきた理由はより明確になります。

そして、その理由が、これからあなたが何をすべきか、という答えになるのです。

生まれてきた理由がない、という人がいます。「そんなことはわからない」という人もいます。確かに、そうです。簡単にはわかりません。誰だって、自分自身が生まれてきた理由を突き詰めて考えることなどほとんどないのです。


ところが、そのことを考える手がかりをつかむことはすぐにできます。

あなたがマイシンボルを手にすることです。

そうすれば、あなたが生まれてきた理由を、あなた自身ではなくマイシンボルを通して探すことができます。

「何をするために生まれてきたのかわからない」

と言っていた人も、

「傷ついた周りの人を包み込むために生まれてきたのだ」

「自分の存在を一人でも多くの人に知ってもらうために生まれてきたのだ」

「立ちはだかる大きな壁があれば、それを克服するような人間になるために生まれてきたのだ」

など、マイシンボルを通して自分の生まれてきた理由を語ることができるようになります。

あなたのセルフイメージから飛び出す

自分の生まれてきた理由を探したら、どんどんセルフイメージをつくって、さらにそのイメージから飛び出していきましょう。

世界が変わるためには、何が必要か。まず、それはあなた自身が変わることです。生まれてきた理由に忠実に生きることも大切ですが、それでは世界は変わりません。予定された調和の中にあることに変わりはないからです。

でも、せっかく生きているのだから、世界が変わっていくことを肌で実感してみませんか？　思いもよらぬことに驚いてみませんか？

そうでなければ、人生の長く壮大な旅に出る意味がないじゃないですか。


大きな港か小さな港かはわかりませんが、その港にずっと停泊していてもよいのです。でも、マイシンボルを持った人は、必ずその港から漕ぎ出します。なぜなら、その人にとっては、その港が目的地ではないからです。

港を出たときにつくったセルフイメージのストーリーは、ときに大きく描き変えられてしまいます。誰か他の人の大きな手によって描き変えられてしまうこともあり得ますし、自分自身の手で描き変えることもあります。

でも、描き変えられたそのときは、世界が変わり始めたときでもあるのです。

ですから、正面からそれを受けとめましょう。むしろ、自分自身がセルフイメージから飛び出して、どんどん新しいストーリーに描き変えていきましょう。

そのとき、あなたにとっては、新しいマイシンボルが必要になるときなのかもしれません。一つのシンボルを大事にすることは大切ですが、二つ、三つとマイシンボルを持っていてはいけないなどと誰も否定はしません。

それも、あなた自身が導き出した運命なのですから。

新しいあなたをつくるシンボルを持ち歩く

さあ、思い切ってマイシンボルを着替えてみましょう！

新しいあなたをつくるマイシンボルを持って、新しい壮大な旅に出るのです。

周りの人はもちろん、ダビデも、マリアも、徳川家康も、西郷隆盛も、ライオンも、ウサギもヘビも、ラッキーな7という数字も豊かな森も深い海も、誰もそのことを咎めたりはしません。

なぜなら……、それがあなたの成長の証だからです。あなたがより良い姿に変わっていくことを誰も止めることはできないのです。

新しいマイシンボルを持てば、新しい自分探しの旅が始まり、新しいストーリーを描くことができ、新しい役割と自分自身に気づき、世界は変わっていくのです。

最後に記したこのシンボルカード、何に見えますか？

私が変わるとき、世界が変わる

眼鏡のおじさんでしょうか。そのようにも見えます。しかし少し斜めから見ると英語の「Ｌｉａｒ（嘘つきもの）」にも見えるのです。このように心が変われば見えてくるものが変わるのです。心が変われば行動も変わってきます。そのときが、人生の舵をあなた自身が握れるときです。

最初はあなた自身の変化も世界の変化も小さなものかもしれません。でも、あなた自身がその小さな変化を積み重ねることによって、また、多くの人が新しいマイシンボルを手にしてその人自身の小さな変化を生み出すことによって、世界の大きな変化が生まれるでしょう。

あなたが変われば世界は変わる。

きっかけは、あなたなのです。

ちっぽけな存在であることを自認するあなたに、新しいマイシンボルを手にしたあなたに、世界が変わるきっかけは委ねられているのです。

小出 直子（こいで なおこ）

株式会社 MAGNET-E 代表取締役

法政大学卒業。
デザイナー、イベントプロデューサー、アートコーディネーター、お洒落塾コラムライターなど、長年にわたり様々な業種で活躍。ダライ・ラマ法王の迎賓イベントでは、チベット音楽プロデュースの大役を果たすなど、マルチプロデューサーとして知られる。芸術性、スピリチュアル性をベースとするオリジナルジュエリーブランド、引き寄せのシンボル・アート・ジュエリー「Ｍｓ ＧＯＤ（ミスゴッド）」のプロデュースを手がけ、各界の著名人たちが、その愛用者として名を連ねている。

Ｍｓ ＧＯＤホームページ
http://www.ms-god.com

マイシンボルに関するお問い合わせは下記まで
koide213@yahoo.co.jp（マイシンボルコンサルタント 小出直子）

THE SYMBOL（ザ・シンボル）

2013年11月4日　初版発行

著　者　　小出直子

発行者　　野村 直克
発行所　　総合法令出版株式会社
〒107-0052
東京都港区赤坂1-9-15　日本自転車会館2号館7階
電話　03-3584-9821（代）
振替　00140-0-69059

印刷・製本　中央精版印刷株式会社

ISBN978-4-86280-382-5

前世療法
137回の前世を持つ少女

中野日出美・著　定価 1680円（税込）

セラピストが記録した、
衝撃の実話

ある少女の過去生の記憶を一緒に追っていくことで、私たちの魂に課せられた課題、人生の目的、生まれてきた意味などを深く考えることができるようになる。

人生観が変わるような「気づき」と「教え」が詰まった一冊。